멋지게 은퇴하는 법

성공적인 은퇴를 위한 22가지 지침

멋지게 은퇴하는 법

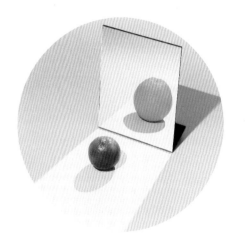

데이브 휴즈 지음ㅡ이길태 옮김

탐나는책

차례

1부

은퇴 전
고려해야 할
것들

현재를 살아가는 것도 중요하지만, 미래를 어느 정도 구상하는 것도 중요하다. 무언가를 기대하는 것은 좋은 일이다. 은퇴 후의 삶을 미리 그려보고 규정해두면, 그날이 다가왔을 때 자신이 원하는 은퇴 생활을 즐길 수 있는 준비가 충분히 되어 있을 것이다.

01

은퇴 후의 삶을
미리 구상하라

"무작정 은퇴하지 말고 은퇴 후 할 일을 마련해라."
_ 해리 에머슨 포스딕(미국 목사)

은퇴를 5년, 10년, 심지어 20년 앞두고 있었던 때를 돌아보자. 은퇴 후 무엇을 할지 생각해보았는가? 그럴 겨를이 전혀 없이 열심히 직장 생활을 하느라 하루하루 살기 바빴을 것이다. 더구나 자녀를 키우고 있었다면 할 수 있는 일이라곤 아이들의 하루 일과를 파악하고 뒷바라지를 하는 것이 전부였을 것이다.

은퇴까지 1년이 채 남지 않았더라도 직장에서의 마지막 근무일 다음 날은 어떻게 해야 할지 막막할 수 있다. 어쩌면 은퇴하는 것이 두려워서 그날이 올 때까지 은퇴에 대해 생각하지 않을 수도 있다. 그런데 은퇴가 이렇게 골치 아플 일인가? 그저 매일 하던 출근을 하지 않을 뿐인데, 큰일이라도 일어나는 것처럼 왜 이리 야단인가?

곧 알게 되겠지만, 사실 그것은 아주 큰일이다. 직업을 잃는 순간 삶의 많은 부분이 별안간 달라지기 때문이다.

실제로 그날이 오기 전에 매일 무엇을 하며 보낼지 계획을 세우는 것이 현명하다. 은퇴할 때가 되어서야 직장을 그만둔 후 어떻게 살 것인지 고민한다면, 너무 늦다. 그 이유 다섯 가지를 살펴보겠다.

창업 계획은 은퇴 전에 준비하기

은퇴 후 사업을 시작하는 사람이 많다. 돈이 목적일 수도 있고 그 일이 하고 싶기 때문일 수도 있다. 지난 몇 년 동안 55세에서 64세의 창업 활동 비율이 가장 높았다. 사업 아이템은 컨설팅, 미술품이나 공예품 판매, 플리마켓 운영, 교육, 연설, 프리랜서 작가 등 상상하는 무엇이든 가능하다.

대부분의 사업은 성장하기까지 2년 정도 걸린다. 직장을 그만두기 전 저녁 시간과 주말에 인맥을 넓히고, 구상하는 사업과 관련된 교육을 받거나 자격증을 취득하고, 사업을 개발하면 된다. 그러고 나면 은퇴할 무렵에는 사업이 본격적인 궤도에 오를 것이다.

예상보다 더 빠른 은퇴에 대비하기

평균적으로 사람들은 계획보다 3년 일찍 은퇴한다. 많은 사람이 표준 정년을 65세로 여기지만 오늘날 평균 정년은 사실상 62세기 때문이다.

부상이나 질병, 명예퇴직이나 해고로 인해 갑자기 조기퇴직을 할 수도 있다. 배우자나 부모를 돌보기 위해 일찍 은퇴해야 할 수도 있다. 상황이 어떻든, 은퇴 생활을 구상할 시간이 몇 년 더 남았다고 생각했다가 예상보다 빨리 은퇴하게 된다면, 아무 준비도 되어 있지 않아 당황스러울 것이다.

은퇴 후 삶을 구체적으로 구상하기

대다수의 사람은 재정적으로 은퇴할 준비가 되어 있지 않다. 그럴 만한 이유는 많다. 그 가운데 하나를 들자면, 목적 없이는 동기가 잘 생기지 않듯이 저축의 필요성을 느끼지 못해 모아둔 자금이 없는 것이다.

하지만 미래에 대한 꿈과 목표가 있으면 나아가야 할 방향과 희망이 생기고 낙관적으로 생각하게 된다. 은퇴 후 어떻게 살고 싶은지 명확한 그림을 그릴 수 있다면 자신이 구상하는 은퇴 생활을 즐기기 위해 얼마나 많은 돈을 저축해야 할지 감이 더 잘 잡힐 것이다.

현실적인 은퇴 예산을 세워 저축하기

은퇴 후 어떤 생활 방식을 즐길 것인가에 따라 필요한 돈의 액수는 다르고, 매우 다양하다.

현재 살고 있는 집에서 계속 살고 싶은가? 아니면 더 작은 집으로 옮기고 싶은가? 지금 사는 곳보다 생활비가 더 들거나 덜 드는 지역으로 이사할 계획인가? 여행은 얼마나 자주 하기를 원하고, 어떤 종류의 여행을 하고 싶은가? 고령자 할인이 적용되는 서비스를 찾아가며 되도록 검소하게 살 의향이 있는가? 쇼핑과 식사 습관을 바꿀 수 있는가? 어떤 취미와 여가 활동을 할 계획인가?

이러한 질문들에 대한 대답에 따라 은퇴 후 얼마나 많은 돈이 필요할지 결정될 것이다.

일을 그만두기 전에 미리 1년간 예상되는 은퇴 예산으로 살아보는 것이 도움이 된다는 사람들도 있다. 하지만 예상하는 은퇴 생활을 완전히 체험하지는 못할 것이다. 예를 들면, 여전히 직장으로 통근하는 비용이 들 것이고, 정작 은퇴 후에는 지금 바라는 만큼 여행하기 어려울 수도 있기 때문이다.

그러나 이 체험을 통해 자신이 계획한 은퇴 예산이 현실적인지 아닌지는 잘 알 수 있을 것이다.

고가의 자산은 근로소득이 있을 때 마련하기

일단 직장을 그만두면, 주택 담보대출을 받을 자격에 부합하거나 다른 형태의 융자와 신용에 대한 승인을 받는 것이 더 어려워질 수도 있다. 소득 수준이 낮아질 것은 거의 확실해 보인다.

그러므로 만약 RV차량을 타고 전국을 여행하거나 보트를 살 계획이라면, 그런 고가의 자산은 일하는 동안 사는 편이 더 쉬울 것이다.

***

현재를 살아가는 것도 중요하지만, 미래를 어느 정도 구상하는 것도 중요하다. 무언가를 기대하는 것은 좋은 일이다. 은퇴 후의 삶을 미리 그려보고 규정해두면, 그날이 다가왔을 때 자신이 원하는 은퇴 생활을 즐길 수 있는 준비가 충분히 되어 있을 것이다.

02

은퇴 선언은 최대한 늦게 하라

"만일 힘들게 일하는 것이 그렇게 훌륭한 것이라면,
부자들이 그걸 독점했을 것이다."
_ 레인 커클랜드(미국 노동운동가)

수십 년간 일을 하고 나면 마침내 서서히 보인다. 당신이 몇 년 동안 기대한 축복의 날, 바로 은퇴하는 날이다!

마지막 몇 달이 지나는 동안, 아마 데스크톱 컴퓨터 바탕화면의 카운트다운 시계가 시간, 분, 초까지 세세하게 표시하며 남은 날수를 알릴 것이다. 그러면 당신은 상사에게 자신의 계획을 알리고 동료들에게 그 소식을 얼른 전하고 싶을 것이다.

여기서 잠깐! 그렇게 성급하게 굴면 안 된다. 희소식을 온 천하에 알리기 전에 대대적으로 발표할 타이밍을 신중히 고려해야 한다. 단순히 이직하려고 사직하는 것처럼 시간을 적당히 두고 관리자에게 알려야 한다.

보통 2주가 관례지만, 직책의 성격에 따라 후임자를 채용하고 교육하는 데 시간이 많이 걸리는 편이라면 더 일찍 통보하는 것이 적절할 수도 있다. 일반적으로 고위직에 있거나 직급과 기술이 특수하고 쉽게 타인에게 인계할 수 없는 경우에는 더 빨리 사전 통지를 하는 것이 좋다.

만약 회사에 사직서 제출 기한에 대해 정해진 방침이 있다면, 반드시 그에 따르라. 또한 은퇴를 알리는 별도의 지침이 회사에 있는지 확인하고 그 내용을 숙지해야 한다.

일단 이 모든 사항을 고려했다면, 필요 이상으로 너무 일찍 알리지 않을 것을 강력히 권한다. 은퇴를 선언하는 순간, 직장 생활이 급격히 바뀔 것이기 때문이다.

관리자는 마감 시한이 당신의 은퇴 날짜를 넘기는 프로젝트를 당신에게 맡기고 싶지 않을 것이다. 그것은 당연하다. 당신의 의사와는 상관없이 사람들은 당신이 더 이상 의미 있는 일을 하는 데 관심이 없을 것이라고 생각하기 쉽다. 당신은 '곧 그만둘 사람'으로 분류될 것이며, 여러모로 이미 없는 사람 취급을 받을 것이다.

그래도 당신은 대수롭게 생각하지 않을 것이다. 마지막 몇 주 또는 몇 달 동안 설렁설렁 일하며 행복해할 수도 있다. 그러나 직업 윤리상 생산적으로 일을 해서 끝까지 회사에 기여하길 원한다면, 낙심할 일이 생길 수도 있다.

회사마다 분위기나 사칙이 다르겠지만 어쩌면 당신은 남은 근무 시간에 해당하는 임금은 받되, 굳이 출근하지 않아도 된다는 말을 들을 수도 있다. 이보다 더 심한 경우, 출근하지도 말고 당연히 임금도 받을 수 없다는 말을 들을 수도 있다.

나는 마지막 근무일을 다섯 달 앞두고 은퇴를 발표했다. 끝까지 열심히 일할 생각이었다. 계속 회사에 기여하고 급여를 받고 싶었다. 회사를 떠날 때 사람들의 기억 속에 대충 시간만 때운 게으름뱅이로 남고 싶지 않았다.

내게 업무 보고를 하던 직원들은 일주일도 되지 않아 다른 상사에게 재배정되었다. 그리고 나는 남은 다섯 달 동안 여기저기서 몇 가지 일거리를 받았다. 일손을 놀리지 않으려는 목적으로 시키는, 안 해도 그만인 일이었다. 거의 매일 잡다한 일만 했다.

몇 주나 몇 달 동안 단순하고 가벼운 일을 하는 것이 아무렇지 않은 사람들도 있을 것이다. 하지만 나는 그런 것을 원하지 않았다. 심지어 내 의사를 묻는 사람도 없었다.

그런 행태는 그들이 지불하는 회사의 가치를 깎아내릴 뿐 아니라 모욕적이었다. 더 이상 내 가치를 존중받지 못하며, 언제든 미련 없이 버려질 수 있다는 느낌을 받았다. 내가 일을 못해서 이런 대우를 받은 것은 아니었다. 그동안 나는 업무에 대해 우수하다는 평가를 정기적으로 받았고, 승진한 지 얼마 되지도 않은 상태였다. 조직에서 가장 뛰어난 관리자 가운데 한 명으로 두루 인정받기도 했다.

이러한 경험에 비추어볼 때 은퇴 선언은 최대한 늦게 하는 것이 좋다.

모든 사람이 당신의 대대적인 발표에 당신만큼 열광하지는 않을 것이기 때문이다.

03

회사가 당신을
퇴사시킨다면?

"시간을 보낼 흥미로운 방법들은 아주 많다. 조기퇴직을 하면 선물을 받은 기분이 든다.
그런데 그건 정말 믿어지지 않을 만큼 멋진 선물이다.
내가 사용해야 하는 선물이다."
_ 마사 펠트 바턴(미국 광고 컨설턴트)

베이비붐 세대(1946~1964년생)가 이제 정년에 가까워지고 있다는 것은 모두가 아는 사실이다.

고액의 월급을 받는 백발의 직원이 고위직에 너무 많다는 사실에 많은 회사가 주목하고 있다. 재무 분석가들은 최고위 간부들에게 지금이 바로 감원할 때라고 조언한다. 50대나 60대의 직원을 어떻게든 내보내면 최신 기술을 더 많이 보유하고, 주당 50시간이나 60시간을 더 기꺼이 일할, 신선하고 열의 있는 젊은 대졸자 두 명을 고용할 수 있을 것이다. (물론 최고위 간부들이 아마 가장 많은 급여를 받는 베이비붐 세대일 것이라는 사실은 신경 쓰지 말라.)

단지 나이가 너무 많다고 해고하는 것은 불법이지만, 다른 방법이 있다. 가장 흔한 방법은 명예퇴직 제도이다. 명예퇴직은 자발적인 것이어서 그것을 받아들일지 말지는 선택할 수 있다. 그러나 받아들이는 편이 좋을 것이라는 암시가 은근히 내포되어 있을 때도 이따금 있다.

그것은 "사무실에서 당신 짐 정리하는 걸 돕겠습니다. 나가시기 편하게 문을 열어드리겠습니다!"라는 말을 듣는 것이나 다름없다.

계획보다 조금 더 빨리 은퇴하게 되면 어떨까? 현실적으로나 심리적으로, 자신의 계획대로 은퇴한 경우에 비해 별로 준비가 되어 있지 않을 수밖에 없다.

이 장에서 이야기하는 사항들은 당신이 새로운 삶으로 전환하는 데 도움이 될 것이다.

감정 추스르기

회사에서 퇴직을 당하면 씁쓸하기도 하고 화가 날 수도 있다. 그 심정은 충분히 이해한다. "직원들은 우리의 가장 큰 자산이다."라거나 "당신이 목표를 달성하도록 돕고 싶다."와 같은 격려사를 수년 동안 들어오다가, "그동안의 노고에 감사드린다. 이제는 당신이 더 이상 필요하지 않다."라는 생판 다른 말을 듣는 것은 괴로운 일이다.

이런 상황은 사랑하는 사람과 헤어지거나 그 사람을 잃는 것과 비슷하다. 이럴 때 잠시 슬퍼하며 감정의 흐름에 자신을 맡기는 것은 건강하고 정상적인 일이다. 하지만 그러고 난 뒤에는 마음을 추스르고 앞으로 나아가야 한다. 화를 오래 품으면 비참한 기분만 들 것이다.

그런 일을 겪을 당시에는 힘들다. 그러나 조만간 상황은 다시 괜찮아지고, 새로 찾은 일이나 새로 만난 파트너가 전보다 더 낫다는 것을 알게 될 것이다. 예전보다 더 잘 살고 있다는 사실을 깨달을 날도 올 것이다.

그 깨달음이 조만간 일어날지 오랜 시간 후에 일어날지는 당신에게 달려 있다. 회사가 당신을 해고하거나 일찍 은퇴하게 한 것이 부당할 수도 있을 것이다. 하지만 그것을 감당하고 다시 일어날 좋은 기회로 삼는 것은 그 누구도 아닌 당신의 책무이다.

살면서 자신에게 일어나는 모든 일을 통제할 수는 없다. 그러나 그 일에 어떻게 반응하고 앞으로 어떻게 나아갈지는 통제할 수 있다. 오히려 그 일 덕택에 새로운 기회가 생긴다고 볼 수도 있다. 당신에게는 생각보다 더 많은 선택권이 있다. 그 가운데 몇 가지를 들면 다음과 같다.

재정 문제에 적절히 대응하기

예상보다 빨리 은퇴할 경우 가장 난감한 점은 재정적인 영향이다. 삼중고를 겪게 된다. 소득이 끊기고, 저축 금액을 생활비로 미리 앞당겨 써야 하고, 65세 미만이라면 회사의 지원 없이 직접 의료보험에 들어야 할 것이다.

이 상황에 어떻게 대응하느냐는 당신의 개인 상황에 달려 있다.

만일 저축 금액이 청구서 비용을 지불하고 생활비를 충당하기에 충분하다면, 당신은 바라던 대로 여행을 많이 하지 못하거나 재량껏 지출할 소득이 없다는 사실을 아쉽지만 받아들일 수도 있을 것이다.

은퇴 후 쓸 돈이 더 넉넉하면 좋을 테지만, 그래도 행복하게 살 수 있다. 비용이 많이 들지 않는, 재미있고 성취감을 주는 활동도 많이 있기 때문이다. 사회생활을 잘하면 도움이 많이 되기도 한다.

일단 기본적인 욕구만 충족되면, 재량 소득이 더 높다고 반드시 더 행복한 것은 아니다.

다른 직업 찾기

저축 금액이 청구서 비용을 지불하기 충분하지 않거나 60세도 안 되어서 해지 위약금을 내야 퇴직금을 인출할 수 있다면, 돈을 좀 더 마련할 방법을 고민해야 할 것이다.

이 말이 조금이라도 위로가 될지 모르겠지만 당신만 그런 상황에 처해 있는 것은 아니다. 대부분의 사람이 은퇴 후에도 어떤 식으로든 일을 할 것으로 예상한다. 경제적 필요성, 생산적인 일을 하고 싶거나 무료함을 달래야 할 필요성, 혹은 아주 열정적으로 좋아하는 무언가를 하고 싶은 욕구 때문일 것이다.

전에 다녔던 직장과, 특히 급여 면에서는 비슷한 일자리를 구하기 어려울 수도 있다. 최선을 다해 시도해보겠지만 직장을 찾는 일이 생각보다 힘들고, 시간이 오래 걸리며, 좌절감이 들 때가 있을 테니 마음의 준비를 해두라. 인맥을 최대한 활용하고, 대안을 확실히 마련하라.

자존심을 누르고, 평소 벌었던 월급보다 액수가 현저히 적은 일을 택해야 할 수도 있다. 의료보험 혜택이 적용되는 일을 구할 수 있다면 훨씬 더 좋겠지만 그렇지 못할 경우도 있을 것이다.

다른 직업을 알아보는 대신 아예 창업을 하는 경우도 있다. 이때 단점은, 사업을 시작하는 데 시간과 돈이 제법 소요되고 수익을 얻기까지 몇 달 또는 심지어 몇 년이 걸릴 수도 있다는 것이다.

은퇴 후 할 만한 일을 몇 가지 나열하면 아래와 같다. 이 가운데 일부는 임시직이고 나머지는 창업에 가깝다. 이 외에도 가능한 다른 일들이 많다. 그러나 아래의 예들만 참고해도 아이디어가 떠올라 창업할 수 있는 일의 범위가 넓어질 것이다.

- 케이터링(행사에 음식을 요리해 제공하는 일) 서비스
- 출장 바텐더
- 관광 가이드
- 박물관 안내원
- 공원 계절 근로자(작업 시기가 계절적으로 한정된 계절노동에 종사하는 근로자)
- 소매업 계절 근로자
- 우편 주문 대행
- 반려동물 관리사
- 잡역부
- 수리 서비스

- 공휴일 행사를 위한 실내 장식이나 선물 구매 서비스
- 파티플래너
- 웨딩플래너
- 작가
- 사진작가
- 골동품 판매
- 플리마켓 판매상

당신은 무엇이든 열정을 쏟으며 능력을 발휘할 수 있는 일을 찾을 수 있을 것이다.

2부

은퇴 후
첫 몇 달

지금까지의 삶은 대부분 예측 가능한 일상이었다. 그런데 은퇴 후에는 갑자기 그 일상이 흐트러진다. 이때 삶에 대한 방향 감각을 잃기 쉽다. 바다에서 표류하는 배처럼, 잔잔한 파도에 넘실 대지만 아무 데도 가지 않는 것 같은 기분이 들 수도 있다. 하지 만 이런 기분은 새로운 일상이 전개되면서 차츰 없어질 것이다. 지금부터는 즐겁고 가치 있는 활동을 하며 새로운 삶을 만들어 가야 한다.

04

은퇴,
새로운 인생의 시작

"은퇴란 뭐든 내가 하고 싶은 일을 한다는 것을 의미한다.
선택할 수 있다는 의미이다."
_ 다이앤 나히르니(캐나다 작가)

당신은 아마 오래전부터 은퇴를 예상해왔을 것이다. 은퇴 생활이 어떨지도 대략 생각해봤을 것이다. 그러나 막상 그날이 다가오면 일상생활이 어떻게 펼쳐질지 막연하기만 할 수 있다.

　오랫동안 예상했음에도 불구하고, 아침에 일어나서 출근할 직장이 없을 때의 기분을 실감하면 놀랄 수도 있다. 삶이 예측보다 여러모로 갑자기 달라진다는 사실을 알게 될 것이다.

　그럴 때는 잠시 느긋하게 있는 것도 괜찮다. 처음 몇 주 동안은 마음 편히 있어도 된다. 당신은 그럴 자격이 있다. 아침마다 울려대는 자명종이 꼴 보기 싫다면 치워버리고 원할 때 일어나라.

　매일 무엇이든 하고 싶은 대로 하라.

넷플릭스(영화와 TV 드라마를 볼 수 있는 사이트-옮긴이)나 아마존 프라임(아마존이 제공하는 유료 구독 서비스-옮긴이)에서 방영되는 TV 시리즈를 몰아서 보거나 영화를 감상하라.

읽고 싶었던 책을 읽으라.

주중에 드라이브나 짧은 휴가를 가라.

늦게 자라.

오후 3시에 술을 마시라.

온천을 예약하라.

마음껏 즐기라. 게으름을 좀 피우라. 뭐든 하고 싶은 대로 하라. 내키지 않으면 아무것도 하지 마라.

그러면 잠시 동안은 기분이 좋을 것이다. 그러나 결국 계속 그렇게 살 수 없다는 것을 깨닫는다. 앞으로 살날이 적어도 20년, 30년은 될 텐데 태평하게 쾌락에만 빠져 살 수는 없다.

당분간 긴장을 푼 후, 다시 인생을 시작해야 한다. 이후 3부에서 앞으로 당신에게 잘 맞는 은퇴 생활을 어떻게 창조할지 살펴보겠다.

05

은퇴 후 받을 수 있는
여덟 가지 놀라운 스트레스

"난 완벽한 결말을 원했어. 그런데 이제야 간신히 알게 됐어.
어떤 시는 운율이 안 맞고, 어떤 이야기들은 시작, 중간, 끝이 뚜렷하지 않다는 걸 말이야.
인생은 한 치 앞을 모르는 것이고, 변해야 하며,
그다음에 무슨 일이 일어날지 모르는 상태에서
순간을 포착해 최선을 다하는 것이야. 애매모호하지만 묘한 매력이 있지."

_ 길다 래드너(미국 코미디언, 배우)

은퇴 생활을 떠올리면, 어떤 생각이 드는가? 당신이 바라는 삶을 어떤 형용사로 표현하겠는가?

　아마 당신이 가장 바라는 것은 '스트레스 없는 삶'일 것이다. 당신은 은퇴 생활이 더 편안하고 스트레스가 줄어들기를 원할 것이다. 더 이상 직장 일을 할 필요가 없을 것이고, 자녀들은 성장해 있을 것이며, 앞으로는 하고 싶은 일을 하면서 시간을 보낼 수 있기 때문이다.

　결국은 바라던 대로 될 것이다. 하지만 은퇴 생활로 전환하는 시기는 인생에서 가장 스트레스를 많이 받는 시기 중 하나일 수도 있다.

　언뜻 들으면 이해가 안 될 것이다. 일을 졸업하고 여가를 즐기는 것이 자유롭고 신나는 일이 되어서는 안 될까?

직장 생활을 마치고 은퇴에 들어가는 기간은 인생의 다른 어떤 시기보다 더 많은 변화를 동시에 경험하는 시간이 될 수도 있다. 그럴 경우 스트레스를 많이 받기 마련이다.

무엇이 스트레스를 유발하는가

직장에서의 마감일 압박, 직장이나 가정에서 먼저 처리해 달라고 아우성치는 일들, 재정 문제, 인간관계 문제 등 매사에 걱정을 달고 사는 것은 스트레스를 유발할 수 있는 전형적인 상황들이다.

그러나 주변 환경이나 일상의 단순한 변화도 스트레스를 초래할 수 있다. 또한 대학에 입학하거나 새로운 일을 시작하거나 결혼하거나 새집으로 이사하는 것처럼 긍정적이고 반가운 변화도 스트레스를 유발할 수 있다.

무엇이 바뀔 것인가

자신의 삶에서 동시에 어떤 점이 바뀔지 두루 살펴보자.

하루 일과

은퇴하면 처음에는 인정사정없이 울리는 자명종 소리에 깰 필요가 없다고 생각하며 좋아할 것이다. 매일 여유롭게 커피 한잔과 아침 식사를 즐길 날을 고대할 수도 있다. 출퇴근 시간이 그립다는 생각은 전혀 들지 않을 것이다.

그러나 이런 새로운 자유를 누리다 보면 생활이 흐트러질 수 있다. 그러다 보면 하루 중 정해진 시간에 회의에 참석하던 시절이 그리워질 수도 있다. 맞춰야 할 마감 시한이 없으면 일이 잘 마무리되지 않는다는 것을 깨달을 수도 있다.

그동안 살면서 몸에 밴 예측 가능한 일과와 체계적인 생활이 정말로 그리워지는 날도 있을 것이다.

그렇게 며칠을 지내다 보면 금방 저녁 시간이 돌아오고 하루를 어떻게 보냈는지 모를 것이다. 그런 생활이 처음에는 매력적으로 보이겠지만 머지않아 회의가 들 수도 있다.

대인 관계

은퇴하면 낮에 볼 수 있는 얼굴이 더 줄어들 것이다. 매일 접촉하는 사람들 중 대다수가 낯선 사람이거나 가벼운 관계의 지인이라고 해도 사람을 만나 상호 작용을 하는 건 즐거운 일이다.

친구로 여기던 직장 동료들과의 관계는 크게 바뀔 것이다. 다들 진심으로 계속 연락하고 싶다고 생각한다. 하지만 일로 만나 쌓은 우정은 금세 멀어지기 마련이다. 함께 일할 때 끈끈했던 유대감은 더 이상 느끼지 못한다. 개인 연락처든 회사 이메일과 SNS든 서로 익숙했던 의사소통 수단은 더는 사용하지 않게 된다.

그러면서 사회적 상호 작용이 전만큼 쉽지 않다는 것을 알게 될 것이다. 이제는 친구들과의 관계를 유지하고 함께 시간을 보내려면 더 의도적인 노력이 필요하다.

직함

직업적 성공을 얼마나 추구했느냐에 따라 직함은 당신에게 많은 의미를 줄 수 있다. 만약 직함에 '고위', '최고', '부사장' 같은 단어가 있다면, 어느 정도 명망, 지위, 권한을 누렸다는 것이다.

직함은 화려하든 그렇지 않든 직업적 정체성을 나타낸다. 만나는 사람이 직업을 물을 때는 보통 '건축가', '선생님', '사서', '치과의사', '에어컨 기술자' 같은 직함으로 대답한다. 당신의 직함은 당신이 아는 지식과 기술, 또는 이 세상에 기여하는 가치를 나타낸다.

은퇴하면 그러한 정체성을 잃게 된다. 항상 '전직' 혹은 '퇴직한'이라는 단어를 붙여 직함을 말할 것이다. 그 말이 상대방에게 일으키는 감흥은 다분히 전과 같지 않을 것이고, 당신에 대한 신뢰도도 어느 정도 떨어질 것이다.

만약 직함이 자아 정체성의 중요한 부분을 정의한 사람이라면, 은퇴 후에는 직함이 그리워질 것이다. 그러면 직업이 있던 때를 그리워하는 자신을 발견하고 깜짝 놀랄 수도 있다.

물리적 환경

출근하지 않는다면 물리적 환경도 바뀔 것이다. 일하던 당시에는 사무실에 칸막이로 된 비좁은 업무 공간이나 작업 장소, 회사 차량이 고급스럽기는커녕 심지어 불편했을 수도 있다.

그러나 적어도 그곳은 당신이 지식과 서비스를 제공함으로써 목적의식이 생기고 소득을 얻은 장소였다. 직장을 즐겼든 멸시했든 상관없이 그곳은 당신에게 익숙한 곳이다. 직장은 더 낫든 더 나쁘든 '제2의 집'이다.

아름답고 편안한 집이라고 해도 매일 온종일 있다 보면 고립감과 소외감을 느낄 수도 있다.

배우자와의 관계

결혼했거나 동반자가 있다면, 은퇴 후 배우자와의 관계 또한 바뀔 것이다. 만일 배우자도 온종일 집에 있다면, 당신은 이제 대부분의 시간을 배우자 곁에 있게 될 것이다. 아무리 배우자를 사랑해도 갑자기 온종일 같이 지내다 보면 스트레스가 쌓일 수 있다.

그러므로 배우자와 얼마 동안 시간을 함께 보내고, 개인적인 활동에 얼마나 시간을 쓰고 싶은지 솔직하게 의논할 필요가 있다. 개인 일정과 집안일 분담에 대해서도 상의해야 할 것이다.

만약 당신이 은퇴하고 배우자는 계속 일을 한다면, 다른 문제를 마주하게 될 것이다. 당신은 많은 시간을 홀로 보낼 것이다. 이는 혼자 사는 사람들도 마찬가지이다. 은퇴 후에는 동료들에게 둘러싸여 있지 않고 집에 혼자 있게 될 것이다. 이 문제는 4부에서 조금 더 깊이 다루겠다.

돈과의 관계

설사 노후를 위해 저축을 충분히 했거나 편하게 생활할 수 있는 연금이 있더라도 돈과의 관계는 바뀔 것이다. 통근, 직장에 입고 갈 옷, 점심 외식 같은 것에 소비하는 돈은 줄어들 것이다. 그러나 여유 시간이 더 많이 생기면, 취미나 강의 등 여가 활동에 더 많은 시간을 보낼 수도 있다. 정말 필요한 것이 없는데도 할 거리를 만들려는 구실로 쇼핑하러 갈 수도 있다.

대개의 경우에는 익숙하던 지출을 줄이는 일에 적응해야 할 것이다. 일정한 근로소득이 있었을 때는 경솔하게 아무 걱정 없이 지출하기도 했을 것이다. 그러나 은퇴 후에는 돈을 쓸 때마다 조금 더 신중해져야 한다.

통장에 급여가 더 이상 자동으로 입금되지 않는 것을 보면 서운한 마음이 들 수도 있다.

은퇴 후 이사하면 겪게 될 변화

새로운 인간관계 맺기

이사하면 일단 친구들과의 관계가 바뀔 것이다. 요즘은 통신 기술 덕택에 예전보다 사람들과 연락하는 것이 훨씬 쉬워졌다. 그래도 여전히 직접 만나는 것만큼 좋은 건 없다.

연고지가 없는 곳으로 이사 가면, 친구가 한 명도 없을 것이다. 새로운 곳에서 친구를 사귀려면 우선 사회단체를 찾아 가입하는 것이 좋다.

새로운 환경에 적응하기

익숙하게 다니던 장소 또한 바뀔 것이다. 가게, 식당, 극장, 병원, 서비스 센터 등을 새로 알아내야 한다.

언제든 이사를 한 적이 있다면 이런 변화를 경험한 적이 있어서 쉽게 대처할 수 있을 것이다. 하지만 앞에 언급한 모든 문제를 처리하면서 동시에 환경 변화에 대처하려면 스트레스가 더 커질 수 있다.

더 많은 사항이 한꺼번에 바뀔수록 변화로 인해 누적되는 영향은 더욱 커질 것이다. 전체는 부분의 합보다 더 크다. 한두 가지 변화는 한 번에 쉽게 감당할 수 있다. 그러나 많은 것이 동시에 변할 때는 힘에 부칠 수 있다.

은퇴 후 스트레스 최소화 방법

당신은 이와 같은 스트레스를 아예 피하고 계속 일하고 싶은 마음이 들 수도 있다. 그러나 두려워하지 마라! 몇 가지 간단한 전략들을 알면 이런 모든 변화에 수월하게 대처할 수 있다. 멋진 은퇴 생활로 훨씬 더 순조롭게 전환할 수 있는 길을 닦게 될 것이다.

모든 것이 변한다는 사실을 인정하고 인식하라

문제를 명확히 인식하고 정의할 수 있을 때, 문제의 절반은 해결된 것이다. 많은 사람이 은퇴할 때 스트레스를 받는다. 이는 단지 직장 생활에서 여가 생활로 전환하면 굉장히 곤란한 변화가 일어난다는 사실을 모르기 때문이다. 그 모든 변화가 너무나 갑작스럽다고 생각한다.

서서히 변화할 수 있는 방법을 찾아보라

은퇴 후 이사할 계획이라면, 6개월에서 1년 뒤로 이사를 미루는 편이 더 수월하다는 것을 알게 될 것이다.

만약 재정 상황이 바뀌기를 기대한다면, 일을 그만두기 1년 전에 은퇴 예산으로 한번 살아보라. 그러면 당신이 원하는 생활 수준에 맞춰 생활비를 정확하게 추산했는지 제대로 현실을 점검할 수 있다.

은퇴 후 창업할 계획이라면, 일을 그만두기 전에 얼마나 계획을 세우고 사업을 시작할 수 있을지 확인하라. 당신은 잘해낼 수 있다. 스스로에 대한 믿음을 가지라.

그리고 은퇴 후에는 어차피 새로운 노력을 기울이며 살 수밖에 없다. 그러므로 좋든 싫든 앞으로도 계속 그런 자세로 살아야 할 것이다.

스스로에게 숨 쉴 여지를 주라

은퇴하자마자 해보고 싶은 새로운 활동과 취미에 대해 기록하거나 생각해본 적이 있는가? 아마 골프를 더 많이 치고, 볼링 동호회에 가입하고, 단체에 들어가 자원봉사를 하고, 장기 휴가를 가고, 집을 개조하고, 글을 쓰는 등 많은 활동을 하고 싶을 것이다. 그동안 고대했던 이 모든 활동을 하루빨리 시작하고 싶을 것이다.

일정이 여러 활동으로 빼곡하면 지루할 새가 없을 것이라고 생각할 수도 있다. 그러나 그 대신 삶의 변화가 많이 일어날 것이다. 새로운 활동을 한꺼번에 너무 많이 시작하면 스트레스가 커질 뿐, 줄지는 않을 것이다.

그러므로 새로운 활동은 서두르지 말고 점차 늘려보라. 그러다 보면 앞으로의 나날은 새로운 활동으로 금세 채워질 것이다. 그리고 새로운 활동을 언제 시작하면 좋을지도 알게 될 것이다.

아마 틀림없이 앞으로 20년 혹은 30년 정도 은퇴 생활을 즐기게 될 것이다. 그러니 첫해에 모든 것을 할 필요는 없다.

장기 휴가를 떠난다면, 은퇴하자마자 실행에 옮기는 건 좋지 않다. 당신은 직장 생활이 끝난 것을 축하하기 위해 차를 몰고 전국을 탐방하거나 장기 크루즈 여행 혹은 해외 여행을 떠나는 것을 꿈꿀지도 모른다.

그러나 직장에서 마지막 날을 보내고 난 후 몇 주 동안은 처리해야 할 서류가 많다는 사실을 곧 알게 될 것이다. 의료 보험 혜택이 바뀔 수 있고, 투자액이나 연금에서 돈을 인출할 경우 필요한 서류 작업도 있을 것이다. 그 밖의 마무리 지어야 할 다른 일이 생길 수도 있다. 일주일 동안 자리를 비우는 건 문제가 되지 않겠지만, 기간이 더 길어지면 이야기가 달라진다.

자주 대화하라

배우자나 동반자가 있다면, 걱정거리에 대해 이야기를 나누라. 일상이 어떻게 바뀔지 대화하라. 언제 기상할지, 얼마나 자주 외식을 하고, 집안일은 어떻게 분담하며, 얼마나 많은 시간을 함께 보낼 것인지 자신의 바람과 소망을 공유하라.

당신에게 새로 주어진 모든 자유 시간을 어떻게 보낼 수 있을지 배우자도 자신만의 생각이 있을 것이다. 오랜 세월에 걸쳐서 발전된, 은퇴 후 할 일을 기록한 긴 목록에 대해 의견을 내놓을 것이다.

이미 은퇴한 친구들이 있다면, 은퇴 생활을 시작했을 때 어땠는지 물어보라. 실제로 은퇴해보니 일을 그만두기 전에 예상했던 것과 비교해 어떻게 다른지 질문하라.

　만약 은퇴 후 다른 사람들과 더 많이 만나기를 기대한다면, 그들에게 그런 의사를 밝히라. 자녀들이 있다면, 얼마나 자주 찾아가도 되는지 물어보라. 당신에게 시간이 더 많아졌다고 해서 일하는 친구들이 당신과 더 자주 만날 수 있을 것이라고 짐작하지 마라. 그들은 여전히 일을 해야 한다.

　다행히 이런 문제가 생길 것을 알고 대비책을 강구할 수 있다면 이와 같은 스트레스 요인들을 방지하고 멋진 은퇴 생활을 더 빨리 즐길 수 있을 것이다.

06

은퇴 후 뜻밖에 겪을 수 있는
일곱 가지 감정

"인생은 자연스럽고 자발적인 변화의 연속이다.
그런 변화에 저항하지 마라. 그러면 슬퍼질 뿐이다. 현실을 그대로 받아들여라.
상황이 어떤 식으로든 자연스럽게 흘러가도록 해라."

_ 노자(중국 사상가, 도가의 시조)

대부분의 사람은 은퇴를 두 가지 관점으로 바라본다. 잔뜩 기대하거나 두려워하는 것이다.

　만약 오래전부터 은퇴를 자유롭고 편안하고 걱정 없는 시간으로 여기며 고대했다고 하자. 그러면 이 이정표에 도달한 성취감과 기쁨이 클 것이라고 기대할 수 있다.

　그러나 만약 은퇴를 불확실하고 쇠락해가는 지루한 시간이라고 예상했다면 어떨까? 두렵고 우울한 마음으로 은퇴 생활을 시작할 수도 있다.

　어느 경우든, 은퇴 후에는 미처 생각지도 못한 심리 상태를 경험하게 된다.

　은퇴하면 인생의 아주 많은 부분이 바뀌기 때문에, 감정적인 동요를 겪는 것은 놀라운 일이 아니다. 은퇴 후 어떤 감정을 어떤 순서로, 어느 시점에 경험하는지는 사람마다 다를 것이다.

그렇지만 이러한 감정을 겪는 것은 잠시일 뿐이고, 곧 지나간다는 것을 명심하라. 이런 감정을 느낄 수도 있다는 사실을 알고 있으면 도움이 될 것이다. 실제로 이런 감정에 휩싸이더라도 충격이 덜할 것이고, 이런 감정을 처리할 준비가 더 잘되어 있을 것이다.

은퇴 후 몇 주, 몇 달 동안 이따금씩 경험할 수 있는 감정에 대해 살펴보자.

직업 정체성 상실과 목적의식 결여

일하는 동안에는 스스로 직함과 자기 자신을 어느 정도 동일시하는지 모를 수도 있다. 직업 정체성은 목적의식과 소속감을 준다. 그것은 자신이 세상에 기여하는 가치 및 자신과 사랑하는 사람들을 부양하는 수단을 나타낸다.

새로운 사람을 만났을 때 그가 당신에게 무엇을 하느냐고 물으면, 당신은 망설임 없이 대답할 준비가 되어 있을 것이다.

물론 당신은 직함 이상의 의미가 있는 존재이다. 배우자, 부모, 형제나 자매, 친구, 자원봉사자, 멘토, 롤모델 등 훨씬 더 다양한 존재로 인식되고 있을 것이다.

그러나 평상시에는 자신뿐만 아니라 다른 사람에게도 자신이 얼마나 다양하고 의미 있는 역할로 존재하는지 알지 못할 수도 있다.

우리는 인간이다. 생각하고 숨 쉬고 느끼고 사랑하고 활력이 넘치는 인간이다. 다면적인 더 큰 자아의 맥락에서 보면, 직함은 그저 진정한 자기 모습의 일부분임을 알 수 있다.

은퇴의 가장 큰 측면 가운데 하나는 직함을 대신할 새로운 정체성을 만들고 발전시킬 수 있다는 것이다.

또한 은퇴를 계기로 삶에서 일어나는 대부분의 일이 어느 정도 일시적이라는 사실을 깨닫게 된다. 당신은 한때는 어린 아이였지만 이제는 아니다. 대학생이었던 시절도 있겠지만, 지금은 아니다. 당신의 직함, 그리고 그것이 나타내는 직업적 정체성 또한 당신이 오랫동안 쓰고 있던 모자와 다를 바 없다. 그러나 은퇴하면 그 모자는 더 이상 쓰지 않게 될 것이다.

인생은 계속된다.

새로운 정체성을 만들기 위해 어떻게 해야 하는지는 다음 장에서 살펴볼 것이다.

올바른 선택을 했는지에 대한 불확실성

인생의 많은 중요한 결정이 그렇듯이, 당신은 은퇴 후 후회할 수도 있다. '더 오래 일했으면 좋았을걸' 하는 생각이나 '돈을 더 많이 저축했어야 했는데……' 같은 생각이 며칠 동안 들수도 있다. 그 순간 당신의 삶이 표류하고 있다는 기분 때문일 것이다.

당신은 은퇴를 결심하기까지 올바른 결정을 내리기 위해 최선을 다했다. 이제 결정을 내렸으니, 후회 없는 결정이 되도록 노력하라.

은퇴를 1년 더 연기하는 문제는 언제든지 고려해볼 수 있다. 그러면 1년치 연봉만큼 돈을 더 많이 벌게 될 것이다. 사회보장제도 혜택 신청은 나중으로 미룰 수 있다. 의료보험 혜택도 1년 더 받게 될 것이다. 한편 매년 해가 지날 때마다 당신의 삶은 조금씩 더 짧아진다. 은퇴 생활을 즐길 수 있는 햇수도 마찬가지이다.

어느 시점이 되면, 충분히 가지고 있다고 만족할 줄 알아야한다. 브로니 웨어의 저서《내가 원하는 삶을 살았더라면》에는 사람들이 죽을 때 가장 후회하는 다섯 가지가 나온다. 대부분의 사람이 말년에 겪게 되는 가장 큰 후회 중 하나는 '더 일찍 은퇴하지 않고 너무 많이, 열심히 일한 것'이라고 한다.

더 이상 일하지 않아서 드는 죄책감

지금까지 당신은 성인으로 살면서 소득을 벌기 위해 일해야 한다는 생각으로 살아왔을 것이다. 제 역할을 다해야 하고 생산적인 일을 해야 하며, 사회에 의미 있는 기여를 해야 한다고 생각해왔을 것이다.

은퇴는 그런 직업윤리에 어긋난다. 이제 당신은 더 이상 일하지 않는데도 돈이 들어오는 것 같은 기분이 들 것이다. 그것은 사실이다. 그렇다고 당신이 갑자기 다른 사람에게 부담을 주는 것은 아니다. 지금 투자액에서 거둬들이는 돈은 그동안 줄곧 벌어서 이날을 위해 꾸준히 저축한 돈인 것이다. 당신은 이 돈을 위해 이미 일을 한 셈이다.

사회보장연금 또한 그동안 일해서 투자한 것이다. 당신은 근무 기간 내내 사회보장 급여 공제의 형태로 소득의 일부를 내주었다.

배우자와 친구들이 아직도 일하고 있다면 당신은 은퇴한 것에 대해 죄책감을 느낄 수도 있다. 다른 모든 사람이 여전히 일하는 상황에서, 당신 혼자 여가 활동을 하며 어떻게 하루를 보냈는지 말한다는 것이 꺼림칙할 수도 있다.

우리는 각자 가야 할 길이 다르다. 여러모로 처지가 다르다. 당신은 주변 사람들보다 나이가 좀 더 많을 수도 있다. 또한 남들보다 더 많이 저축하거나 투자를 더 잘했을 수도 있다. 어쩌면 당신은 다른 사람들보다 더 적은 돈으로 살 수도 있을 것이다. 혹은, 다른 사람들이 은퇴 대신 어떤 이유로든 계속 일하는 쪽을 선택하는 것일 수도 있다.

만약 당신은 가족이나 친구들이 운이 좋아서 일하지 않고 즐기며 산다면 그들을 우습게 여길 것인가? 마찬가지로 당신이 그런 삶을 산다고 해서 그들이 당신을 우습게 여길 리도 없을 것이다.

은퇴하는 것에 대해 죄책감을 느낄 이유가 없다. 당신은 은퇴할 자격이 있다.

기대와 다른 삶에 대한 실망

은퇴 생활이 어떨지 기대가 클 경우, 막상 은퇴 후 하루하루 현실을 겪다 보면 전혀 감동하지 않을 수도 있다. 은퇴가 영구적인 휴가가 아니라는 것을 알게 되면 실망할 것이다.

처음에는 하루하루가 온갖 즐거움과 여가 활동으로 가득할 것이라고 상상하기 쉽다. 만약 골프 치는 것을 좋아한다면, 당신은 아마 매일 골프를 칠 수 있을 것이라고 기대할 것이다. 은퇴를 이상적인 관점으로 바라보면 한적한 바닷가에 집을 짓고 매일 해변에서 여유로운 시간을 보낼 것이라 생각할 수도 있다.

은퇴 후 일상은 상상하는 것처럼 행복하지는 않겠지만, 좋아하는 활동을 할 시간은 충분할 것이다. 물론 어떤 날은 은퇴하기 전처럼 장보기, 집 청소, 청구서 결제 같은 비교적 일상적인 일을 하며 보낼 것이다. 그동안 살면서 겪었듯이 여전히 좋은 날도 있고 나쁜 날도 있을 것이다.

은퇴 직후에는 '아드레날린이 분출되는' 경험을 할 수도 있다. 한동안은 알람시계에 응답할 필요가 없고 상사와 모든 일에 대한 책무로부터 벗어났다는 홀가분함에 기분이 정말 좋을 것이다.

그러나 그 흥분이 가라앉고 나면 매일매일의 새로운 일상에 안주하게 된다. 그러다 보면 "뭐야, 이게 다야?" 하고 의아해할 것이다.

물론 그것이 전부는 아니다. 그러나 그다음에 어떤 일상이 펼쳐질지는 전적으로 자신에게 달려 있다. 이제 당신에게는 자신과 미래의 삶을 재창조할 수 있는 엄청난 기회가 주어진 것이다. 앞으로의 삶이 어떤 모습으로 전개될지는 당신의 선택에 따라 달라질 수 있다.

삶에 대한 방향 감각 상실

지금까지의 삶은 대부분 예측 가능한 일상이었다.

자명종이 울리고, 스누즈(알람이 울리고 얼마 뒤에 다시 알람이 울리는 기능-옮긴이) 버튼을 두세 번 더듬다가 마침내 일어나 허둥지둥 출근한다. 퇴근 후 집에 와서 우편물을 확인하고, 저녁 먹고, TV 보고, 잠자리에 든다.

출근하지 않는 날에도 반복되는 일상이 있다. 한두 주씩 휴가를 내고 어디론가 떠나거나 집에서 지내며 그동안 미뤄왔던 일들을 처리하기도 한다.

물론, 당신은 이것과 조금 다른 특별한 경험을 했을 수도 있다. 그러나 요점은 지난 40여 년간 대체로 반복되는 일상을 살아왔다는 것이다.

일상은 당신이 즐기든 경멸하든 한결같았다. 그 점에 대해 너무 깊이 생각할 필요도 없었을 것이다. 어쩌면 매일 반복되는 평범한 일상이 편안했을 것이다.

그런데 갑자기 그 일상이 흐트러진다. 더 이상 출근하지 않고, 몇 주간의 휴가도 더 이상 없다. 그러면 남은 인생이 무료해 보인다.

이때 삶에 대한 방향 감각을 잃기 쉽다. 바다에서 표류하는 배처럼, 잔잔한 파도에 넘실대지만 아무 데도 가지 않는 것 같은 기분이 들 수도 있다.

하지만 이런 기분은 새로운 일상이 전개되면서 차츰 없어질 것이다. 지금부터는 즐겁고 가치 있는 활동을 하며 사람들과 교제하는 새로운 삶을 만들어가야 한다.

당신은 만족스러운 새 삶을 창조할 수 있다. 반대로 수동적으로 물러나 앉아서 되는 대로 살 수도 있다. 어떤 선택을 하겠는가?

두려움과 걱정

미래가 두려워질 때가 있을 것이다. 돈이 바닥날까 봐 걱정이 될 것이다. 자신이나 배우자(혹은 둘 다)가 병에 걸리거나 다치거나 너무 빨리 죽지는 않을지 두려울 것이다.

그래서 행복한 은퇴 생활을 즐기고 오랫동안 품어왔던 꿈을 이룰 기회를 빼앗기지는 않을지 걱정될 것이다. 증시가 급락하거나 정치 풍토가 바뀔 때마다 재정이 바닥나서 여생을 가난하게 살지는 않을지 불안할 것이다.

두려움과 걱정은 결코 긍정적인 결과를 초래하지 않는다. 오히려 당신의 행복을 앗아가는 파괴적인 감정이다.

당신이 걱정하는 일은 아예 일어나지 않는 경우가 대부분이다. 설사 그런 일이 일어난다고 해도 걱정했던 것만큼 나쁘지는 않다. 어차피 일어날 일들은 걱정을 하든 안 하든 일어날 것이다.

은퇴 후 걱정을 달고 살면 하루하루를 슬픔과 두려움에 떨며 보낼 것이다.

두려움은 걱정보다 더 나쁘지는 않아도 나쁘기는 매한가지이다. 사람들은 당신의 두려움을 이용해 당신에게 나쁜 짓을 할 것이다. 도덕적으로 타락한 정치인들이 유권자들을 향해 상대 후보가 아닌 자신에게 투표하라고 설득할 때, 그리고 비양심적인 사람들이 꼭 필요하지 않은 물건을 사게 할 때 그런 방법을 쓰는 것이다. 이를테면 좀비가 판을 치는 대재앙이 올 때를 대비해 침대 밑에 보관해둘 100일 생존 배낭을 사두라는 것과 같은 것이다.

공포란, 가격 폭락 직후 남은 주식을 모조리 팔아서 일시적인 가공 손실(소유물의 시장 가격 하락에 의한 미실현의 장부상 손실-옮긴이)을 영구적인 현실로 만드는 것이다.

주위에서 어떤 일이 일어나는지도 모른 채 마냥 기분이 좋아서, 삶이 모두 무지개나 유니콘, 또는 초콜릿을 입힌 체리라도 되는 줄 아는 순진한 폴리아나(미국의 아동 문학 작가인 엘리너 호지만 포터가 쓴, 1913년에 출간된 소설에 나오는 인물 이름-옮긴이)처럼 살라는 말이 아니다.

살다 보면 해결해야 할 문제와 도전할 과제들이 생기기 마련이다. 그런 일은 눈을 똑바로 뜨고 정신을 바짝 차리고 이성적으로 처리하면 된다. 공포와 불안 때문이 아니라 객관적인 정보에 근거해 결정을 내리도록 최선을 다하라.

게다가 우리는 미래가 어떻게 될지 정말 모른다. 어쩌면 당신이나 배우자가 내년에 죽을지도 모른다. 어쩌면 치료비를 많이 쓸지도 모른다. 어쩌면 테러리스트들이 이길지도 모른다. 만약 이런 일이 일어난다면, 당신이 걱정하든 말든 그 일은 일어날 것이다.

그래서 더더욱 오늘을 즐겨야 한다. 쓸데없는 걱정으로 오늘을 망치지 마라.

외로움

몇몇 조사 결과에 따르면 은퇴자의 절반가량이 정기적으로 외로움을 느낀다고 한다. 그 이유는 빤하다. 은퇴 후에는 더 이상 직장 동료들에게 둘러싸여 있지 않다. 배우자가 죽을 수도 있다. 은퇴 후 이사를 가기로 한다면 아무도 모르는 낯선 도시에 있게 될 것이다.

이러한 상황에서 외로움을 느끼는 것은 당연하다. 하지만 그 해결책은 대부분 자기 자신에게 달려 있다. 적극적으로 나가서 새로운 사람들을 만나기만 하면 된다.

스카이프(인터넷을 통해 무료 통화 서비스를 할 수 있는 프로그램- 옮긴이)나 페이스타임(애플의 아이폰과 아이패드 이용자들끼리 사용할 수 있는 무료 영상 통화-옮긴이) 같은 영상 통신 도구, 페이스북 같은 소셜 미디어, 심지어 요즘은 업무용 외에는 잘 사용하지 않는 이메일을 포함한 현대 기술 덕택에 사람들과 연락하기가 그 어느 때보다도 수월해졌다.

물론, 전자 통신이 대면 상호 작용을 대체하지는 않겠지만, 없는 것보다는 훨씬 낫다. 게다가 인터넷은 관심사가 비슷한 사람들을 만날 수 있는 지역 행사와 단체를 찾는 데 매우 유용하다.

외로움을 이겨내는 문제와 관련해서는 13장 〈외로움을 느끼지 않기 위해 해야 할 일〉에서 더 많은 방법을 제시하겠다.

3부

은퇴 생활을
위한 준비

이상적인 은퇴 생활을 실행하려면 무엇이 필요할까? 간단히 말하면, '변화'가 필요하다. 아무것도 바꾸지 않으면 아무것도 변하지 않는다. 인생의 모든 것을 새로운 시선으로 바라보고, 그것이 정말 필요한지, 처분해도 되는지, 혹은 더 줄일 수 있는지 자문해보라.

07

새로운 정체성을
만들라

"사람들은 누군가를 가리켜 아직 자아를 찾지 못했다고 종종 말한다.
그러나 자아는 자신이 찾는 것이 아니라 창조하는 것이다."
_ 토머스 사스(헝가리계 미국 정신분석학자)

오랫동안 직장 생활을 하다 보면 생계를 위해 하는 일과 자신을 동일시하게 될 것이다. 새로운 사람을 만났는데 직업이 뭐냐는 질문을 받으면 대개 "나는 교사예요.", "엔지니어예요.", "관리자예요."라고 말하기 십상이다.

　사람들은 은퇴 후 간혹 정체성 상실에 시달린다. 아마 "나는 은퇴한 ○○예요." 혹은 단순히 "퇴직했어요."라고 말하는 것이 전만큼 만족스럽지 않을 것이다.

　어떤 사람들은 '은퇴'라는 단어를 부담스러워한다. '은퇴한 사람'을 '한물간 사람'으로 취급하는 이들도 있다. '은퇴'를 건강이 악화되고, 돈이 거의 없고, 할 일이 없으며, 살 이유가 없어서 결국 요양시설이나 양로원에 들어가 죽는, 슬픈 인생의 말년이라고 상상하는 사람들도 있다. 눈에 보이는 대부분의 사람은 의사와 간병인이며, 주된 교통수단은 전동 휠체어라고 여기는 것이다.

물론 전혀 그럴 필요가 없다.

은퇴의 가장 큰 측면 중 하나는 자신을 재발견하고 재정립할 수 있는 기회가 주어진다는 것이다. 긍정적인 시각으로 본다면, 퇴직 후의 인생은 오히려 르네상스의 시기가 될 수 있다.

알다시피 '르네상스'는 원래 유럽에서 14세기부터 시작해 16세기까지 이어진 예술, 문학, 학문의 대부흥기, 즉 중세에서 근대로 전환하는 시기를 일컫는 단어였다. 현대적 의미는 생명의 회생, 재탄생, 부활이다. 그 단어에 은퇴의 의미가 잘 축약되어 있다.

젊은 시절을 돌아보자. 직업으로 삼고 싶은 일이 있었는데, 그 일로는 생계를 이어갈 수 없다고 여겨 접었는가? 예를 들어, 어쩌면 당신은 작가나 화가, 골프 선수, 요가 강사, 재즈 음악가 등이 되고 싶었을지도 모른다.

일을 하고 가족을 부양하느라 시간이 없어서 포기한 활동이 있는가? 등산, 여행, 독서, 악기 연주, 운동 등 여러 가지가 있을 것이다.

은퇴를 하면, 이 모든 것을 거의 다 할 수 있는 기회가 생긴다. 소득이 생길지의 여부에 관계없이 진정으로 열정을 갖고 있는 활동을 선택할 수 있다. 놀라운 것은 그 활동을 하면서 돈을 벌 수도 있다는 점이다. 어쩌면 생각보다 많은 돈을 벌 수도 있다.

에세이나 시를 쓸 수도 있고, 아름다운 음악이나 미술 작품을 창작할 수도 있고, 사람들의 삶에 진정으로 감동을 주는 봉사 활동을 할 수도 있다.

은퇴 생활을 하는 동안 직장에 다닐 때보다 세상에 더 큰 공헌을 하고, 아주 유명한 사람이 될 수도 있다.

생각만 해도 마음이 설레지 않는가. 불편하게 걸리적거리는 직업 때문에 당장은 시간이 없어서 못 할 것 같은 그런 많은 일을 할 수 있는 시간이 생기는 것이다.

대개 활동적인 은퇴자들의 삶은 직장을 다녔을 때처럼 일정이 빽빽하다. 그러나 자신이 정말 원하는 활동으로 일정이 가득 차 있다는 점에서 은퇴 전과는 전혀 다르다.

어쨌든 은퇴를 하면 정체성이나 주로 하는 활동이 바뀔 것이고, 배우자도 마찬가지일 것이다. 당신과 배우자가 회춘해서 새로운 사람이 될 수도 있다. 이러한 변화가 당신과 배우자의 정체성이나 두 사람이 함께하는 삶, 또는 두 사람이 바뀌어가는 서로의 모습을 바라보는 관점에 어떤 영향을 미칠지 배우자와 의논하는 것이 좋다.

자신의 새로운 정체성에 대해 생각해보라. 원하는 대로 이름을 짓고 정의할 수 있다. 다양한 관심사에 따라 여러 정체성을 가질 수도 있다. 그렇게 한다고 해서 아무도 당신에게 정신이 나갔다고 비난하지 않을 테니 걱정하지 않아도 된다. 앞으로는 직함에 대해서도 더 이상 인사과의 승인을 받을 필요가 없다.

08

당신은 어떤 성향의 은퇴자인가

"이 세상에서 내가 철저히 알고 싶은 유일한 사람은 나다."

_ 오스카 와일드(아일랜드 작가)

은퇴 후의 생활은 성향에 따라 제각기 다르다. 은퇴 생활을 어떻게 보낼지 구상하는 방법은 여러 가지이다. 은퇴자의 성향을 파악하면 은퇴 생활을 매일 어떻게 보내고 싶어 할지 명확히 알 수 있다.

　삶의 동반자가 있다면, 각자의 성향을 비교하는 것이 중요하다. 두 사람이 그리는 은퇴 생활이 서로 양립하는지 확인하기 위해서이다. 성향이 크게 다르면 조금씩 조정하고 타협해야 할 것이다.

　은퇴자의 성향에 따라 은퇴 생활을 계획할 때 고려해야 할 많은 사항, 가령 돈이 얼마나 필요한지, 어디에서 살 것인지 등이 달라질 것이다.

　지금부터 은퇴자의 여덟 가지 성향에 대해 알아보자. 당신은 이 중에서 어떠한 성향을 띠는지 살펴보라. 하나의 성향만 띨 수도 있고 여러 개의 성향이 한 번에 나타날 수도 있다.

일을 놓지 못하는 사람

만약 일을 놓지 못하는 사람이라면, 대부분의 여생을 소득이 생기는 일을 하며 보낼 것이다.

새로운 직장에 정규직으로 고용되거나, 계약직으로 일을 하거나 창업을 할 수도 있다. 전일제나 시간제 혹은 계절 근로자가 될 수도 있다. 은퇴 전 직장에서 하던 일과 동일한 일을 할 수도 있고, 다른 분야의 일을 구할 수도 있다. 무엇이든 돈을 버는 어떤 활동에 계속 종사하게 될 것이다.

이러한 이들은 돈이 필요해서 일을 할 수도 있지만, 일을 함으로써 얻는 체계적인 생활, 도전을 해서 얻는 성취감을 갈망할 수도 있다. 어쩌면 다른 사람들과 사회적 교류를 유지하거나 매일 일어나서 집을 나가야 하는 구실을 만들기 위해 일할 수도 있다. 피고용인이 되면 받을 수 있는 의료 혜택이 필요할 수도 있다. 직장에서 경영자나 상사였다면, 조직을 맡거나 책임자 자리에 있을 때 느끼는 만족감을 포기할 준비가 되어 있지 않을 수도 있다.

일을 놓지 못하는 사람이라면 아마 일에서 목적의식과 정체성을 얻을 것이다. 따라서 일을 그만두게 되면, 그동안 일 중심으로 살아왔기 때문에 불안하거나 표류할 위험이 있다는 것을 알아두라.

자원봉사자

자원봉사를 즐겨 하는 사람이라면, 일을 놓지 못하는 사람과 몇 가지 공통된 특성이 있다. 가령, 생산적인 일을 한다는 기분, 인간적 교류에 대한 욕구, 목적의식과 성취감을 원하는 것이다. 그러나 돈 때문에 동기가 부여되는 것은 아니다. 이러한 사람들은 사회에 기여하고, 그동안 자신이 누려온 것들을 되갚으려는 열망으로 움직인다.

자원봉사를 할 수 있는 방법은 여러 가지이다. 사회복지 기관에 자원해서 불우한 사람들에게 도움을 줄 수 있다. 공연장이나 박물관에서 안내원으로 봉사할 수 있다. 가정교사나 멘토로서 학생들에게 자신의 전문지식을 공유할 수 있다. 국립공원 등에서 봉사할 수도 있다.

다행스럽게도 어느 곳을 선택해 살든 봉사할 기회는 반드시 있다.

손주를 애지중지하는 조부모

손주를 애지중지하는 조부모라면 가족과 함께하는 시간을 은퇴 생활에서 가장 중요하게 여길 것이다.

이러한 이들은 아마 가족과 되도록 가까이 살려고 할 것이다. 그럼으로써 휴일을 함께 보내고, 손주들의 재롱잔치, 운동회, 생일 파티를 꼭 챙길 것이다. 손주들을 봐주며 행복해하고, 경제적으로 여유가 있다면 가족 휴가를 계획하고 후원할 수도 있다.

이런 경우 생길 수 있는 문제점은 자녀들이 좋은 직장이 있는 곳으로 이사할 수도 있다는 것이다. 이런 일이 일어나면 희망 퇴직지가 아닌 곳으로 이사를 갈지, 아니면 살던 곳에 거주하면서 자녀들과 전만큼 자주 만날 수 없다는 사실을 감수할지 결정해야 할 것이다.

여행자

'여행자'들에게 은퇴는 도로와 하늘, 바다를 누비며 세계를 탐험하는 시간이다.

이들은 몇 달 동안 전국을 횡단하며 보내는 계획을 세울 수 있다. 외국에서 주택이나 아파트를 임대해 그 지역을 좀 더 구석구석 탐방하고 현지인들의 일상생활이 어떤지 경험해볼 수도 있을 것이다. 여유가 있다면 크루즈를 타고 세계 각지를 두루 여행할 수도 있다.

만약 본격적으로 여행만 할 생각이라면, 캠핑카 같은 것이 집이 될 수도 있다.

재미를 추구하는 사람

은퇴를 영구적인 휴가로 여기고, 여가 활동과 놀이로 하루를 만끽하기를 고대한다면, 재미를 추구하는 사람이라 볼 수 있다.

평생 열심히 일했으니 이제 즐겁게 살아야 한다고 생각할 것이다. 이들은 매일 골프나 테니스를 치고, 동호회에 가입하고, 많은 사교 행사에 참여하는 것을 꿈꾼다.

실제로 은퇴 후에는 재미있는 활동에 많이 참여할 수 있다. 그러나 이런 구상이 한편으론 이상적이라는 것을 알게 될 것이다. 일상생활에는 여전히 청소, 장보기, 병원 예약 같은 현실적인 허드렛일이 있기 때문이다. 놀기만 하는 생활은 조만간 시들해질 것이다.

'재미를 추구하는 사람'이 가장 살기 좋은 곳은 실버타운일 것이다. 단, 실버타운에는 선택의 폭이 넓은 단체 활동과 스포츠클럽 수십 개를 갖춘 클럽하우스, 골프장, 수영장 등이 있어야 한다. 이웃들도 모두 은퇴한 사람들이므로 함께 활동할 파트너를 찾기가 더 쉬울 것이다.

자아실현을 추구하는 사람

진실로 열정을 갖고 있는 일보다는 보수가 좋은 일을 하면서 직장 생활을 한 사람이라면 은퇴를 더욱 고대할 것이다. 은퇴하면 드디어 하고 싶은 활동을 할 수 있고, 되고 싶은 사람이 될 수 있다고 여기기 때문이다. 화가, 작가, 사진작가, 음악가 또는 공예가로서 창조적으로 자신을 표현하기를 갈망할 수도 있다. 이러한 경향을 보이는 이들은 자아실현을 추구하는 사람이다.

이들은 어떻게 진정한 자아로 살 것인지 구상해두었을 것이다. 그렇지 않았다고 해도 은퇴를 하면 자신의 열정을 발견하는 여정을 시작하게 될 것이다.

스스로를 즐겁게 하는 활동을 찾을 때까지 다양한 새로운 것들을 탐색할 수 있다. 이들에게 은퇴는 자신을 재창조하고 성취감을 찾는 시간이다.

당신이 '자아실현을 추구하는 사람'이라면, 아마 공연장, 박물관, 대학, 보헤미안(자유분방하게 사는 사람으로 주로 예술 계통에 종사함-옮긴이) 등이 많고, 지역사회 자원이 많으며, 일할 수 있는 기회가 무한해 보이는, 번화한 도시에서 살고 싶을 것이다.

평생 배우는 것을 좋아하는 사람

정신적으로 깨어 있고 세상 흐름을 잘 아는 것이 중요하다면, '평생 학습자'라 할 수 있다.

이들은 관심사가 무엇이든 지역 주민 센터, 대학이나 평생 학습 센터에서 수업을 들으며 은퇴 생활을 즐길 것이다. 또한 지역 도서관을 자주 이용할 것이고, 교육 자원이 풍부한 지역에서 살고 싶을 것이다.

당신이 이런 유형의 사람이라면, 휴가 때도 역사적으로 중요하거나 새로운 장소와 문화를 발견할 수 있는 목적지를 선호할 것이다.

아무것도 하지 않고 여유를 즐기는 사람

은퇴를 단지 긴장을 풀고 휴식을 취하는 시간으로 여긴다면, '여유를 즐기는 사람'이다.

이들은 재미를 추구하는 사람처럼, 평생 열심히 일했으니 이제 스트레스와 책무가 없는 삶을 살 자격이 있다고 생각한다. 하지만 재미를 추구하는 사람과 달리 특별히 염두에 둔 활동이나 취미가 없다.

알람시계나 정해진 일정 없이 살기를 바라며 그저 하루하루를 흘러가는 대로 보낸다. 이들은 정치나 사회, 세계 문제에 크게 관심이 없고 되도록 아무 걱정도 하지 않기를 바란다. 해변이나 열대 섬, 호숫가나 산속의 오두막 같은 아름답고 조용하고 목가적인 곳에서 은퇴 생활을 즐기는 것을 구상할 수도 있다. 그런 곳은 환경이 편안하고 고요할 것이다.

***

은퇴 후 당장은 아무것도 안 하는 삶이 근사해 보일 것이다. 그러나 머지않아 지루해질 수 있다. 텔레비전 앞에 붙어 앉아 운동을 등한시할 위험도 있다. 인간적 교류와 정신적 자극이 더 필요하다는 것을 알게 되고, 더욱 목적 있는 삶을 살고 싶어질 것이다.

당신은 어떤 성향의 은퇴자인가? 자신의 성향을 살펴보고 은퇴 후 삶을 구상해보라.

09

자신의 하루를
설계하라

"하루를 어떻게 보내는가는 곧 인생을 어떻게 보내는가와 다름없다."
_ 애니 딜러드(미국 작가)

이제는 자신의 의도대로 자신이 원하는 하루하루, 즉 삶을 설계해야 한다.

주말이나 휴가를 보낼 때 외에 하루 일정을 온전히 자기 마음대로 조정하는 것은 은퇴 후 처음 겪는 경험일 것이다.

은퇴하기 전에는 업무 일정이 정해져 있었다. 설령 근무 일정이 유연하거나 사업가였다고 해도 회의, 마감일, 해야 할 일이 적힌 빽빽한 스케줄에 쫓겨 시간을 보냈을 것이다.

직장에 다니기 전, 학생일 때는 학교 시간표에 맞춰 살았을 것이다. 수업 이외의 시간은 과제를 하며 보냈을 것이다.

방학, 혹은 취학하기 전에는 시간을 더 자유롭게 쓸 수 있었을 것이다. 하지만 그때도 허용되는 일이 제한되어 있었을 것이며, 자유 시간은 여전히 부모의 통제를 받았을 것이다.

하지만 이제는 하루하루를 마음껏 조율할 수 있다. 당신의 일정과 달력은 백지상태이다. 말 그대로 인생의 멋진 다음 장을 눈앞에 두고 있다. 이제 자신의 의도대로 원하는 삶을 설계할 큰 기회가 주어졌다.

큐레이터가 미술관에 전시할 작품을 고르는 것처럼 스스로를 자기 인생의 큐레이터라고 생각하면 된다. 주어진 시간에 어떤 일정을 넣을지 작품을 고르듯 선택할 수 있다. 그리고 박물관의 예술작품처럼, 시간이 흐를수록 여러 활동으로 삶에 변화를 줄 수 있다.

인생의 다음 단계가 어떻게 전개될 것인가

며칠, 몇 주 동안 아무런 방해도 받지 않고 조용히 앉아 있을 수 있는 시간을 마련하라. 그리고 다음 질문에 대해 생각하고 답변을 적어보라.

- 삶에 무엇을 더하고 싶은가?
- 삶에서 (직업 외에) 무엇을 빼고 싶은가?
- 일상생활에 무엇을 넣고 싶은가?

예: 명상, 운동, 독서, 창조적인 활동(글쓰기, 그림 그리기, 연주),
개 산책시키기, 뉴스 읽으며 커피나 차 마시기

• 주중 다양한 시간에 무엇을 하고 싶은가?

예: 일주일에 세 번 체육관 가기, 단체 모임, 게임, 밤 데이트,
종교 활동

• 내년까지 이루고 싶은 것은 무엇인가?

예: 집 내부 공사, 여행(어디로?), 강의 듣기, 새로운 취미나 활
동 시작하기

이제 평범한 하루와 평범한 한 주를 어떻게 보낼지 계획을
세우라. 식사 준비, 집 청소, 빨래, 장보기 같은 일상적인 일에
시간을 배정하는 것을 잊지 마라. 안타깝게도 그런 일에는 은
퇴가 없다.

일정을 얼마나 빡빡하게 잡을지는 스스로에게 달려 있다.
만약 평소에 체계적으로 일상을 알차게 보내는 편이라면, 주
중 일정을 한 시간 또는 30분 단위로 잡고 싶을 것이다. 하지
만 은퇴 생활이 조금 느슨하기를 원한다면, 전형적인 방식대
로 요일별로 무엇을 할지 목록을 작성하기만 하면 된다. 하루
를 아침, 오후, 저녁처럼 큰 단위로 나눌 수도 있다.

시간이 충분하게 주어져 있다는 사실을 얼마나 편안하게

여기느냐 혹은 안절부절못하느냐에 따라 많은 것이 달라질 것이다.

물론, 일정표를 못 지킬 때가 종종 있을 것이다. 친구가 당신을 점심에 초대할 수도 있다. 날씨가 화창하면, 밖에 나가서 재미있게 놀 수도 있다. 은퇴의 가장 큰 즐거움 중 하나는 굳이 계획대로 하지 않고 상황에 맞게 융통성을 발휘할 수 있다는 것이다.

삶은 계속 진화할 것이고, 일상은 그에 따라 바뀔 것이다. 그러나 이런 연습을 해두면 자신에게 중요한 것이 무엇이고, 어떤 삶을 원하는지 분명히 알게 될 것이다. 또한 삶에 대한 방향 감각이 생기고 계속 바쁘게 활동할 것이다. TV나 컴퓨터 앞에서 하루하루를 허비하는, 지루하고 목적도 없는, 틀에 박힌 생활 속에 빠져들지도 않을 것이다. 뿐만 아니라 앞으로 삶에 도움이 될 새로운 생활 습관을 형성하게 될 것이다.

의도적으로 삶을 가치 있는 활동으로 채우지 않는다면, 사소하고 보람 없는 것들이 득달같이 달려들어 자리를 차지할 수 있다. 집 여기저기에는 수리든 청소든 늘 해야 할 일이 있을 테고, 사람들은 당신에게 이런저런 일을 자원해서 하라고 요구할 것이기 때문이다. 또한 인터넷에는 시간을 때울 재미있는 것들이 무한하기 때문이다.

당신은 행복하고 보람 있는 은퇴 생활을 설계할 수도 있고, 단순히 시간을 보내며 가만히 있다가 은퇴를 맞이할 수도 있다.

만일 은퇴 생활을 어떻게 보낼 것인지 염두에 둔 멋진 계획이 있다면, 그것을 실현하기 위해 습관, 일상, 할 일의 우선순위를 세심하게 만들어가야 할 것이다.

10

꿈꾸는 은퇴 생활을 위해
무엇을 바꾸겠는가

"사람들은 준비가 되면 변한다.
그 전에는 절대 변하지 않고, 때로는 변하기도 전에 죽는다.
그들이 원하지 않으면 변하게 할 수 없다.
그들이 원하면 그들을 말릴 수 없는 것처럼."

_ 앤디 워홀(미국 팝아트의 선구자)

항상 꿈꿔왔지만 시간이 없어 전혀 못 했던 여러 활동이 있을 것이다. 하고 싶은 온갖 활동을 하며 성취감을 만끽하는 스트레스 없는 날이 계속된다고 생각해보자. 그런 이상적인 은퇴 생활을 상상하기는 쉽다.

사람들은 대개 하고 싶은 일과 은퇴 후 가고 싶은 장소를 기록한 멋진 목록을 가지고 있다. 버킷 리스트를 작성해둔 이들도 있을 것이다.

그러나 리스트에 적힌 항목 가운데 얼마나 많은 것을 실천할 수 있을까? 별로 많지 않을 것이다. 그 이유는 뭘까?

목록에 있는 많은 항목을 실행하려면 그동안 살면서 익숙해진 것들을 다른 방식으로 해야 하기 때문이다. 습관을 바꾸거나 생활 방식을 바꿔야 할 수도 있다. 그 가운데 일부는 계획을 꼼꼼히 세워야 할 것이고, 어떤 항목은 안전지대(불안감이나 스트레스가 없는 편안한 마음을 유지하는 상태를 뜻하는 심리학 용어-옮긴이)를 떠나야 실천할 수 있다.

사실, 인간은 습관의 동물이다. 많은 습관이 그동안 살아오면서 몸에 깊이 밴 것이다.

이상적인 은퇴 생활을 실행하려면 무엇이 필요할까? 간단히 말하면, '변화'가 필요하다. 아무것도 바꾸지 않으면 아무것도 변하지 않는다. 이상적인 은퇴 생활을 상상하는 것과 그것이 실현되도록 일상생활과 평생의 습관을 바꾸는 것은 전혀 별개의 문제다.

당신이 구상하는 이상적인 은퇴 생활 가운데 새로운 부분은 어느 것인가?

미술이나 음악 수업을 듣거나 새로운 언어를 배우고 싶다면, 언제 시작할 것인가?

다른 지역이나 심지어 다른 나라로 이사하는 것을 꿈꾼다면, 일상생활이 여러모로 바뀔 것이다. 판이하게 다를 수도 있는 새로운 장소에 대해 배워야 할 것이다. 쇼핑하기 좋은 곳, 병원이나 서비스 업체를 새로 찾고, 새 친구를 사귀어야 할 것이다. 이런 변화가 일어나는 것에 대해 어떻게 생각하는가?

만일 평소에 자주 외식을 하거나 가게에 탐나는 물건이 보일 때 망설이지 않고 사는 습관이 있다면, 앞으로 더 현명하게 소비하기 위해 기꺼이 습관을 바꿀 의향이 있는가?

주로 어울리던 사람들이 직장 동료들이었다면, 은퇴 후에는 더욱 적극적으로 사회에 나가서 더 많은 사람을 만날 의향이 있는가?

안타까운 사실은 많은 사람이 일을 그만두면, 이미 삶의 일부가 되어 버린 것들이 확장돼 그 빈자리를 채우고 만다는 것이다. 대부분의 사람은 은퇴 후에도 습관과 생활 방식을 많이 바꾸지 않는다.

하지만 분명한 것은 변화는 자신의 의지로 만들 수 있다는 것이다. 진부한 표현을 하자면, 똑같은 행동을 반복하면서 다른 결과를 기대하는 것은 '정신 나간 짓'이다.

이상적인 은퇴 생활을 실현하기 위해 당신은 무엇을 바꾸겠는가?

11

꿈꾸는 은퇴 생활을 위해
무엇을 놓을 것인가

"더 이상 필요하지 않은 것을 구분하고 그것을 놓아주는 것도 지혜이다."

_ 제인 폰다(미국 배우, 정치 운동가)

은퇴하면 하고 싶은 활동을 할 수 있는 새로운 삶이 열린다.

　열정을 갖고 있는 활동, 예를 들어 글쓰기나 악기 연주, 미술작품 창작, 자원봉사에 더 많은 시간을 할애할 수 있다. 매년 한정된 휴가 일수에 제약을 받지 않고 더 많이 여행할 수 있다. 등산, 자전거 타기, 골프 같은 신체 활동에 더 많은 시간을 보낼 수 있다. 취미 생활, 강좌 듣기, 독서, 문화행사 관람을 더 자주 즐길 수 있다.

　가능성은 무궁무진해 보인다. 이런 활동이 많아지면 직장에 다닐 때보다 더 바빠질 수도 있다. 그러나 삶을 바쁜 활동으로 채운다고 해서 더 행복해지지는 않을 것이다. 사실, 더 스트레스를 받을 수도 있다.

알고 보면, 은퇴 생활의 행복은 인생에 무엇을 더하느냐 못지않게 얼마나 빼느냐에 의해 결정될 수도 있다. 소음과 불필요한 문제를 없앨 방법을 찾아야 삶이 훨씬 더 만족스러울 것이다.

더 행복한 은퇴 생활을 위해 삶에서 버리는 게 좋을 네 가지를 살펴보자.

즐기지 않는 활동

은퇴하면 일단 집 청소나 마당 관리 같은 허드렛일을 할 시간이 많아진다. 정원 가꾸기와 조경을 진심으로 즐긴다면, 아주 잘된 일이다. 오히려 당신은 그 일을 더 많이 하고 싶어 할수도 있다.

그러나 자신이 그리는 만족스러운 은퇴 생활에 집과 마당 관리에 많은 시간을 소비하는 항목이 없다면, 그 일을 줄이거나 없앨 방법을 찾아보라. 손이 많이 가는 나무와 식물을 마당에서 캐내거나 잔디밭을 인조잔디로 교체하는 것을 고려할수 있을 것이다. 혹은 아파트나 실버타운으로 이사하면 마당을 관리할 일은 전혀 없을 것이다. 그리고 더 작은 집으로 이사하면 실내 청소가 줄어든다. 재정적인 여유가 된다면 청소 서비스를 이용할 수도 있다.

성취감을 느낄 수 없는 의무

사람들은 은퇴한 당신이 한가하다고 쉽게 생각할 수도 있다. 그래서 당신을 위원회와 이사회에서 일할 수 있는 최고 의 후보로 여긴다. 물론 그 일을 즐기고 성취감을 느낄 수도 있다. 그러나 그것은 당신이 정말로 그 일을 하고 싶은 마음 이 있을 경우에나 가능하다. 자신에게 시간이 많거나 필요한 능력이 있다고 해서 그 책무를 무조건 받아들여야 할 필요는 없다.

마찬가지로, 자녀들과 손주들 근처에 산다면, 자녀들은 필요할 때마다 언제든 당신이 손주들을 돌봐줄 수 있다고 생 각할 수도 있다. 물론 당신은 손주들을 사랑해서 함께 시간을 보내고 싶어 할 것이다. 그러나 손주들을 얼마 동안 기꺼이 돌 볼 수 있을지 결정하고 그 시간이 초과될 경우 거절하는 것은 당신 몫이다.

더 이상 사용하지 않는 물건

집에 있는 물건 중에서 몇 년 동안 사용하지 않은 것을 처분하면 심리적으로도 홀가분하고 실용적이기도 하다. 빈틈없이 물건을 잔뜩 쑤셔 넣은 방보다 깔끔하고 어수선하지 않은 방이 더 매력적이고 쾌적하다. 물건을 찾거나 정리하는 시간도 줄어들 것이다.

그러지 않을 경우, 물건이 있는 건 알지만 어디 있는지 몰라서 찾느라 시간을 낭비할 수도 있다. 심지어 집에 있다는 사실을 잊어버려서 똑같은 물건을 또 사는 경우도 있다.

만약 현재 물건을 둘 곳이 부족해 보관할 공간을 대여하고 있다면, 물건을 정리할 경우 월 임대료를 절약할 수 있을 것이다. 뿐만 아니라 원하는 물건을 찾기 위해 그곳으로 차를 몰고 가서 상자를 뒤지는 시간도 절약할 수 있을 것이다. 보관할 공간에 넣어둔 물건들은 정말 더 이상은 필요 없지만 차마 버리지 못하는 것들이 대부분이다. 마침내 그 물건을 처분하면 마음이 홀가분해질 것이다.

인생의 모든 것을 새로운 시선으로 바라보고, 그것이 정말 필요한지, 처분해도 되는지, 혹은 더 줄일 수 있는지 자문해보라.

함께 있으면 즐겁지 않은 사람들

매사에 부정적이고 당신의 기운을 빼는 사람들과 시간을 보내기엔 인생은 너무 짧고 소중하다. 어떤 자기계발 전문가들은 자신이 가장 많이 교제하는 다섯 사람의 평균치가 자신의 모습이라고 주장한다. 그러므로 긍정적이고, 힘이 되고, 재미있는 사람들과 어울리라.

물론 가족이 죽었다든가 다쳐서 회복 중인 경우처럼 어려운 시기를 겪는 친구들을 도울 줄 알아야 한다. 그러나 끊임없이 징징대거나 불평하는 사람들이 있다면 더 이상 만나지 마라. 험담하기 좋아하는 사람들이 있다면 거리를 두고 그들의 드라마에 휘말리지 마라. 만일 자기 얘기를 하고 싶거나 기대어 울고 싶을 때만 연락하고 만나려 하면서, 정작 당신한테는 별로 관심이 없는 친구들이 있다면 더 이상 만나지 마라. 배려심이 있고 유쾌한 친구들을 사귀라.

* * *

인간은 습관의 동물이다. 당신이 은퇴할 때쯤의 생활 습관은 오랜 세월 몸에 밴 것이다. 당신이 관계 맺어온 사람들과 참여했던 여러 활동들을 떠올려보라. 우연히 혹은 어떤 이유로 당신의 삶에 들어오긴 했는데 이제 더 이상 아무 관련이 없어진 경우도 있을 것이다. 그 사람들과 활동들이 여전히 가치 있는가?

은퇴는 삶을 더 행복하고 성취감을 느낄 수 있도록 재설계할 수 있는 기회이다. 자신이 하는 모든 일, 소유하는 모든 것, 삶의 일부인 모든 사람을 새로운 시선으로 바라보라. 각 활동, 사물, 사람이 과연 자신이 원하는 은퇴 생활에 기여하고 있는지 생각해보고, 그렇지 않다면 변화를 만들라.

평생 열심히 일했으니 이제는 자신의 생각대로 살아야 할 때이다.

이상적인 은퇴 생활을 설계하는 것은 삶에 무엇을 추가하느냐 못지않게 무엇을 얼마나 버리느냐와 밀접하게 관련되어 있다는 것을 명심하라.

더 행복하게 살고 정말로 원하는 것에 더 많은 시간과 돈을 쏟기 위해 당신은 어떤 활동이나 의무를 포기할 수 있는가? 어떻게 해야 삶이 더 단순하고, 더 쉽고, 더 재미있어질까?

12

은퇴 후에도 시간 관리는
필요하다

"나이가 든다는 것은 바쁜 사람에게는
그럴 시간조차 없는 나쁜 습관에 지나지 않는다."
_ 앙드레 모루아(프랑스 작가)

당신은 은퇴 후 더 이상 시간을 관리할 필요가 없다고 생각할 수도 있다. 아마 시간 관리는 직장에 다닐 때나 하는 것으로 여길 것이다. 어쨌든 당신은 수십 년 동안 업무 일정에 얽매여 살아왔다.

　만일 아직 은퇴하지 않았다면, 일어나고 싶을 때 일어나고, 먹고 싶을 때 먹고, 하고 싶은 건 뭐든 하거나 아무것도 하지 않고, 자고 싶을 때 잠자리에 드는 것이 은퇴 생활이라고 상상할 수도 있다.

　그런 상상을 하면 직장을 떠난 후 처음 몇 주 동안은 위로가 될 것이다. 수십 년간 일하면서 받았던 스트레스를 떨쳐내는 데 도움이 될 수 있다. 그러나 그렇게 접근해서 얻은 만족감은 그리 오래가지 않을 것이다.

규율이나 방향성이 없다면, 별로 의미 있는 활동을 하지도 않았는데 며칠, 몇 주가 금방 흘러가 버린다는 것을 알게 될 것이다. 그러다 보면 몇 달이 지나가고, 그 시간이 어디로 갔는지, 무엇을 했는지 전혀 모르게 될 것이다. 그러다 결국 지루해하고 불행하다고 느끼며 멍하니 앉아 있는 시간이 많아질 것이다. TV나 컴퓨터 앞에서 대부분의 시간을 보내게 될 것이다. 그런 생활은 건강에도 그다지 좋지 않다. 그런 은퇴 생활을 꿈꾸는가?

조만간 당신은 여전히 어떤 형태의 시간 관리가 필요하다는 것을 깨닫게 될 것이다. 하지만 일을 하던 때와는 다른 방식으로 접근해야 한다.

은퇴자들의 시간 관리와 그에 따른 삶의 질을 연구한 대만 아이쇼 대학의 웨이칭 왕 교수는 "삶의 질은 은퇴자에게 자유시간이 얼마나 주어지는가보다는, 시간을 얼마나 효율적으로 관리하느냐에 달려 있다."라고 말한다.

행복하고 만족스러운 은퇴 생활을 위해서는 신체 활동, 정신적 자극, 타인과의 교제, 개인적 성취감을 제공하는 복합적인 활동을 해야 한다. 요리, 쇼핑, 빨래, 집안일 같은 일상적인 일까지 더해지면 삶은 다시 과도한 일정에 치일 수 있다. 그래서 무엇 하나 빼놓을 수 없는 이러한 여러 관심사의 우선순위를 정하고 그것을 전부 할 수 있는 시간을 마련하기 위해서는 체계적인 시간 관리 도구가 필요하다.

어떤 시간 관리 도구를 사용할 것인가? 아웃룩이나 구글 캘린더 같은 컴퓨터 프로그램, 휴대전화 앱, 종이로 된 일일 계획서, 화이트보드, 포스트잇 등 쓰기 편한 건 뭐든 사용할 수 있다.

명상, 산책, 글쓰기처럼 매일 또는 매주 정해진 일수에 하고 싶은 일이 있으면 일정을 잡으라.

일정을 변경하거나 몇 가지 일을 내일로 미루어도 괜찮다. 그것이 은퇴 후 누릴 수 있는 자유다. 그러나 일을 계속 미룬다면, 일정에 적힌 항목이 정말로 하고 싶은 것인지, 아니면 해야 한다고 느끼는 것에 불과한지 자문해야 한다.

인터넷 사용과 TV 시청 시간을 제한하기 위해 최선을 다하라. 매일 그런 수동적인 일에 얼마나 많은 시간을 쏟을지 결정하고, 그것을 지키기 위해 노력하라. 그 시간을 아예 일정에 넣을 수도 있다. 예를 들어, 매일 아침과 저녁에 이메일과 SNS를 확인하는 데 30분씩을 할애하는 것이다. 매일 해야 할 일을 모두 실천한 것에 대한 보상으로 TV 시청을 허용할 수도 있을 것이다.

이와 정반대의 방법을 써도 된다. 식사 준비, 독서, 이메일

응답, 청구서 결제 등 하루 동안 해야 할 모든 세세한 일을 15분 단위의 일정으로 짜는 것이다. 그러나 여전히 직장에서 근무 중인 것처럼 보일 정도로 엄격한 일정을 고수하기는 힘들 것이다. 아마 당신도 그 일정이 즐겁지 않을 것이다.

일정을 지킨다는 것이 내키지 않으면, 굳이 시간 단위로 일정을 짜지 않아도 된다. 매일 아침, 그날 가장 먼저 하고 싶은 일을 세 가지 적으라. 전날 밤 잠자리에 들기 전에 이 목록을 작성하는 것도 괜찮다. 그러고 나서 일단 그 세 가지를 실행하고 나면 나머지 시간은 자신이 하고 싶은 것을 하면 된다.

여러 활동을 골고루 일정에 넣어 두고, 할 일 목록에 시간을 할당하되 시간대는 정하지 않을 수도 있다. 활동을 어떻게 정확히 분배할 것인가는 선택할 수 있다.

은퇴하면 시간이 유한하며, 더 빨리 지나가는 기분이 든다는 사실을 더욱 의식하게 될 것이다. 그러므로 자신에게 아직 남아 있는 시간을 만족스럽고, 기억에 남고, 의미 있게 활용하는 것이 중요하다.

13

외로움을 느끼지 않기 위해 해야 할 일

"매일 누군가에게 손을 내밀어 만져야 한다는 것을 알게 되었다.
사람들은 따뜻한 포옹을 좋아하거나,
그저 다정하게 등을 토닥여주는 것을 좋아한다."
_ 마야 안젤루(미국 시인, 소설가)

은퇴하면 압박감, 스트레스, 마감일, 업무 평가, 지루한 회의뿐 아니라 온종일 사적인 전화를 걸어 모두가 들을 수 있게 떠드는 짜증 나는 동료에게 시달릴 일도 없어진다.

　그러나 당신이 미처 알지 못하는 더 중요한 것, 즉 인간적 교류도 하지 않게 될 것이다. 동료들 대부분이 아마 개인적으로 가까운 친구는 아닐 것이다. 하지만 사람들과 함께 있는 것만으로도 어느 정도의 사회화가 이루어지는데, 은퇴하고 나면 그 점을 그리워하게 될 것이다.

　샌프란시스코에 있는 캘리포니아 대학의 연구 결과에 따르면 60세 이상의 사람들 가운데 43퍼센트는 정기적으로 외로움을 느꼈다. 외롭다고 답한 성인의 3분의 2가 배우자나 다른 동반자와 함께 살고 있다. 이러한 사실은 배우자와만 인간적 교류를 해서는 안 된다는 것을 시사한다.

일하는 동안에는 사회적 접촉이 쉽게 일어난다. 은퇴 후, 여전히 사회적으로 활동하려면 조금 더 적극적으로 나서야 한다. 은퇴 후에도 사회 활동을 지속하고 외로움을 느끼지 않을 수 있는 일곱 가지 방법을 제시하겠다.

강의를 들으라

미술, 요리, 어학, 댄스 등 어느 수업을 듣건 관심사가 비슷한 사람들을 만날 수밖에 없다.

아마 지역 주민 센터나 도서관에서 다양한 주제를 다루는 저렴한 수업을 제공할 것이다. 각 대학의 평생교육원에도 노인들이 학점에 관계없이 수강할 수 있는 유용한 강좌가 많이 있다.

동호회에 가입하거나 직접 개설하라

독서토론회, 투자 동호회, 미식 동호회, 와인 시식 동호회

혹은 공통의 관심사를 바탕으로 모인 여러 단체에는 사람들이 모일 것이다. 이 단체 가운데 일부는 정신적 자극도 제공할 것이다.

지역 주민 센터에서 활동 일정을 확인하거나 소셜 네트워크와 같은 온라인 도구를 이용해 기존의 단체를 찾거나 직접 개설하라.

자원봉사를 하라

목적의식과 행복을 찾는 가장 좋은 방법 중 하나는 불우한 사람들을 돕는 것이다.

자원봉사는 삶에 문화적 소양을 더하고 동시에 사람들을 만날 수 있는 좋은 방법이기도 하다.

예를 들어, 박물관 안내원이나 관광 가이드 또는 콘서트홀의 안내원이 될 수도 있다. 사업이나 교수 능력이 있다면 멘토 역할을 할 수 있다. 다양한 봉사 활동 단체에 가입해서 참여해도 된다.

여가 활동 단체에 가입하라

등산을 하거나 쇼핑몰을 함께 다니며 여가 활동을 하는 단체가 있다. 흥미로운 곳으로 당일치기 여행을 떠나는 단체도 있다. 지역 체육관에는 노인들을 대상으로 요가, 에어로빅, 수상 에어로빅 등을 하는 운동 단체도 있을 것이다.

지역 합창단이나 밴드에 가입하라

대부분의 지역사회는 연령과 능력 수준에 관계없이 모든 사람을 환영하는 지역 합창단과 밴드가 있다. 노래를 부르거나 악기를 연주한 지 오래됐다고 하더라도 걱정할 필요 없다. 의외로 예전 실력이 금방 돌아와서 놀랄 수도 있다.

예술 활동은 다른 사람들을 만날 수 있는 방법을 제공할 뿐만 아니라 창의력을 키우는 훌륭한 방법이기도 하다. 다양한 활동으로 뇌를 활성화시켜 보라.

친구에게 연락하거나 만나라

오늘날 페이스북 같은 소셜 미디어 덕택에, 오래전 알고 지냈지만 연락이 끊긴 친구들을 다시 찾는 것이 그 어느 때보다도 쉬워졌다. 소셜 미디어는 첫 만남을 성사시켜 주고 가볍게 상호 작용할 수 있는 수단을 제공한다.

그래도 사람들과 더 의미 있는 관계를 형성하려면 직접 전화하거나 편지, 이메일을 쓰는 것이 좋긴 하다. 같은 지역에 산다면 가끔 모여 담소를 나눌 수도 있다.

사람들을 초대하라

사치스럽고 비싼 파티를 열 필요가 없다. 그저 몇 사람을 초대해서 카드 게임이나 보드 게임, 포틀럭 파티potluck party(각자 음식을 가져와서 함께 나눠 먹는 파티-옮긴이)를 하거나 심야 영화를 즐기면 된다.

당신의 집이 작지는 않은지, 바닥에서 천장까지 지저분하진 않은지 걱정할 것 없다. 사람들은 당신의 집을 점검하기 위해서가 아니라 당신을 포함해 다른 손님들과 즐거운 시간을 보내려고 오는 것이다.

**

    은퇴 생활이 외로울 것 같은가? 조금만 궁리하고 노력하면 다양한 신체 활동, 정신적 자극이 되는 활동, 다른 사람들과 의미 있는 상호 작용을 통해 성취감을 느낄 수 있는 활동을 찾아내거나 만들 수 있다.

4부

은퇴 후
결혼 생활

당신은 배우자의 꿈, 욕망, 목표에 대해 정확히 설명할 수 있을 정도로 잘 아는가? 놀랍게도 많은 부부가 이런 대화를 나누지 않거나 지레짐작을 한다. 배우자를 곁에 두고도 의견을 묻지 않고 혼자서 이상적인 미래를 상상하기 쉽다. 하지만 모든 부부는 잠재적으로 많은 부분이 다르기 때문에 올바른 균형을 이루기 위해서는 서로 이야기를 나누고 융통성을 발휘해야 한다.

14

모든 부부에게 필요한
여덟 가지 대화

"결혼 생활을 하다 보면 변해가는 두 사람에 맞춰 계속 적응해야 한다."
_ 메리 캐서린 벳슨(미국 작가, 문화 인류학자)

앞으로 다가올 삶이 어떻게 펼쳐지기를 원하는지 대략적으로라도 구상하는 것이 좋다. 당신은 아마 막연하든 구체적이든 살고 싶은 지역, 가고 싶은 여행지, 은퇴하고 싶은 시기, 언젠가 이루고 싶은 꿈과 버킷 리스트에 대해 생각해두었을 것이다.

이러한 꿈, 욕망, 목표에 대해 배우자와 의논해보았는가? 이 세 가지 항목이 배우자의 항목과 얼마나 양립하는가? 당신은 배우자의 꿈, 욕망, 목표에 대해 정확히 설명할 수 있을 정도로 잘 아는가?

놀랍게도 굉장히 많은 부부가 이런 대화를 나누지 않거나 지레짐작을 한다. 배우자를 곁에 두고도 의견을 묻지 않고 혼자서 이상적인 미래를 상상하는 것이다.

배우자도 당신과 같은 미래를 계획한다고 추측하기 쉽다. 하지만 모든 부부는 잠재적으로 많은 부분이 다르기 때문에 올바른 균형을 이루기 위해서는 서로 이야기를 나누고 융통성을 발휘해야 한다.

배우자와 함께 나누면 도움이 될 만한 여덟 가지 대화를 소개하겠다. 물론 한 번에 전부 의논하라는 뜻은 아니다.

언제 은퇴할 계획인가

부부 중 한 사람이 먼저 은퇴하는 경우가 빈번하다. 그래도 부부 중 한 사람만 은퇴하는 상황은 갑작스럽게 둘 다 은퇴하는 것보다는 감당할 만하다.

그러나 함께하고 싶은 일이 있다면, 그에 앞서 반드시 대화가 필요하다. 예를 들어 먼저 은퇴한 배우자가 장기 여행을 꿈꾼다면, 대화를 통해 나중으로 미뤄야 할 수도 있다. 은퇴한 배우자가 혼자 혹은 다른 사람들과는 여행을 하고 싶어 하지 않고, 일하는 배우자도 같은 생각이라면 말이다.

만약 배우자가 은퇴하기를 원하지 않고 되도록 오래 일하고 싶다고 말한다면 어떻게 해야 할까?

부부 가운데 한 사람만 은퇴한 경우 겪는 문제에 대해서는 다음 장에서 상세히 다룰 것이다.

얼마를 저축할 것인가

이것은 어떤 경우든 복잡한 질문이고, 그 대답은 은퇴 후 즐기고 싶은 생활 방식에 따라 많이 달라진다.

고급스러운 실버타운에 살면서 장기 여행을 하고 싶은가? 더 빨리 은퇴하기 위해 작은 집으로 이사하고 더 검소하게 살 것인가? 아니면 저축액이 충분하지 않아서 돈을 더 벌 생각인가? 상속인에게 물려줄 돈을 남겨두고 싶은가, 아니면 전부 자신을 위해 쓰고 싶은가?

당신은 아마 은퇴 후 편안하게 살기 위해 얼마나 저축해야 하는지, 근로소득의 몇 퍼센트가 필요한지 알려주는 여러 자료를 보았을 것이다. 그런 자료에는 대부분 평균치가 제시되어 있다. 하지만 필요한 액수는 다수 요인에 따라 크게 달라질 수 있다.

예산과 계획을 철저히 세운다고 해도 자동차 수리, 집수리, 질병 치료 또는 치과 진료 같은 뜻밖의 지출에는 무던해지지 않는다는 사실을 알아두라. 이런 예상치 못한 지출이 발생할 때 이를 처리할 수 있는 충분한 예산을 확보해야 한다.

직장 생활을 하는 동안 돈 문제가 아주 중요한 논의 주제인 것처럼, 앞으로 여생 동안 돈이 얼마나 필요할지에 대해서도 확실히 이야기를 나눠야 할 것이다.

어디서 어떻게 살고 싶은가

우선, 은퇴 후 다른 곳으로 이사 가기를 원하는지 아니면 살던 곳에 계속 살기를 원하는지의 문제가 있다. 또는 같은 지역에 살되, 더 작은 집으로 옮기는 방법도 있다.

만약 부부가 둘 다 이사를 하고 싶어 한다면, 살 만한 곳은 말 그대로 아주 많다.

어떻게 살고 싶은가의 문제도 있다. 이것은 앞에서 살펴본 것처럼 '돈'이라는 주제와 밀접한 관계가 있다.

실버타운에서 살고 싶은가, 아니면 은퇴 전과 비슷하게 살고 싶은가? 사치스럽게 살기를 바라는가, 아니면 검소하게 살기를 바라는가? 유럽 대륙을 여행하고 싶은가? 외국으로 이주하고 싶은가?

의논을 매끄럽게 하려면 가장 중요한 기준을 정해두는 것이 좋다. 앞으로 살 장소를 정할 때 중요한 잣대가 될 수 있기 때문이다. 그러면 당신이 더 즐길 만한 장소에 쉽게 집중할 수 있다. 아울러 그러한 기준을 정해두면, 매력적이기는 하지만 정작 당신이 원하거나 필요로 하는 중요한 요소는 빠져 있는 장소를 피할 수도 있다.

어떤 활동을 할 계획인가

대개 이 질문의 답은 당사자가 아주 잘 아는 내용이다. 그래도 당신과 배우자가 시간을 어떻게 보낼지 각자의 생각을 비교하는 것이 중요하다.

두 사람의 생각이 얼마나 양립하는가?

그보다 더 중요한 사항은 아마 이 두 가지일 것이다. 두 사람이 원하는 활동 가운데 부부가 함께할 수 있는 것은 무엇인가? 또한 어떤 활동을 혼자 할 것인가?

집에서 보내는 시간과 밖에서 보내는 시간에 대해 두 사람의 생각을 비교해보면 상당히 다를 수도 있으므로 대화와 조율이 필요하다.

얼마나 많은 시간을 함께 보낼 계획인가

물론 당신은 배우자를 사랑할 것이다. 그렇다고 배우자와 1년 365일 함께 있고 싶은가?

모든 시간을 함께 보내고, 모든 것을 함께할 생각을 하는 사람도 없진 않을 것이다. 반면 독서를 하거나 배우자가 함께 하지 않는 프로젝트와 활동에 참여하며 혼자만의 시간을 보내려고 생각하는 사람도 있을 것이다. 그 두 가지의 균형을 이루는 것이 중요하다.

직장 생활을 하는 동안에는 함께 사업을 하거나 둘 다 재택근무를 하지 않는 한, 일 때문에 배우자와 많은 시간을 떨어져 보낼 수밖에 없다. 둘 다 일을 그만두고 나면 서로 같이 있는 시간이 훨씬 더 많아질 것이다.

배우자를 사랑하고 함께 있는 시간이 좋긴 하겠지만, 계속 같이 지내다 보면 두 사람 사이의 역학이 바뀌기 마련이다.

지금은 어느 때보다도 각자의 감정과 고민을 이야기하고 나누는 것이 중요하다.

서로 질리지 않는 선에서 식사, 오후 중반의 휴식, 저녁 데이트 등 함께 보낼 규칙적인 시간을 정하면 관계에 도움이 될 수 있다.

은퇴 후 사회생활은 어떤 모습이길 바라는가

배우자와 함께 보내고 싶은 시간과 각자 개인적인 활동에 보내고 싶은 시간뿐 아니라 다음과 같은 사항에 대해서도 의논할 필요가 있다. 두 사람의 모든 친구와 서로 두루두루 알고 지내며 함께 어울릴 것인가, 아니면 각자 우정을 따로 유지하고 싶은가?

이 부분은 아마 직장에 다닐 때 인간관계를 맺던 방식의 연장선에 있을 것이다. 친구들이 주로 업무 외적인 사람들인가, 아니면 주로 업무를 통해 친구를 사귀는가? 후자의 경우 은퇴 후 인간관계에 어느 정도 변화를 겪게 될 것이다.

가정에 따라 부부 중 한 사람이 사회생활을 조율하고 친구들과의 모임을 주도적으로 마련할 수도 있다. 이럴 경우, 두 사람 모두 사회적 욕구를 충족하고 있는지 확인해야 한다.

가계의 책임 분담은 어떻게 바꿀 것인가

집안일을 분담하는 문제에 대해서도 다시 상의해야 할 것이다.

부부가 둘 다 직장에 다닐 때는 청소와 조경 등을 용역업체에 맡겼을 수도 있다. 그러나 이제는 그 일을 직접 해야 할 것이다.

한 사람은 정규직으로, 또 한 사람은 파트타임으로만 근무하거나 전업주부였던 경우, 혹은 여기저기 돌아다니며 일을 했지만 더는 하지 않는 경우에도 집안일을 재분담해야 할 것이다.

아마 일하는 배우자는 직장에서 긴 하루를 보내고 퇴근할 때 집에 어떤 요리가 되어 있을지 기대할 것이다. 그리고 은퇴한 배우자가 집안일을 훨씬 더 많이 할 것이라고 예상할 것이다.

하지만 은퇴한 배우자는 앞으로 하고 싶은 골프, 독서, TV 시청을 모조리 실컷 할 수 있을 것이라고 생각할 수도 있다. 왜냐하면 식사를 준비하고 집을 청소하는 등의 일상적인 일은 고려하지 않기 때문이다.

이처럼 사소한 집안일도 상의하여 분담하는 것이 불필요한 다툼을 방지하는 데 도움이 된다.

가족에 대해 어떤 의무와 책임을 질 것인가

은퇴하면 주로 자신과 배우자에 초점을 맞춰 이후의 생활을 구상할 것이다. 하지만 주변 사람들이 그 그림을 복잡하게 만들 수도 있다. 그리고 때에 따라 당신과 배우자는 이런 상황에 어떻게 대처할지 서로 의견이 다를 수도 있다.

몇 가지 예를 들어보자.

- 성인 자녀가 실업이나 이혼으로 인해 같이 살자고 요구한다.
- 손주를 봐달라는 부탁을 받는다.
- 부부 가운데 한 명 또는 두 명 모두 연로한 부모를 돌봐야 하거나 모시고 살아야 한다.

이와 같은 시나리오는 은퇴 생활에 여러모로 영향을 미칠 수 있다. 재정적인 영향 외에도 어디에서 살지, 여행을 얼마나 많이 할 수 있을지, 그리고 자유 시간을 얼마나 누릴지 등을 좌지우지할 수 있다.

이제 은퇴를 했으니, 이런 상황과 자녀의 요구 때문에 인생의 황금기를 놓치지 않도록 인정에 끌리지 말아야 한다고 생각할 수도 있다. 하지만 배우자는 곤란에 처한 가족을 돕고 싶은 욕구가 더 클 수도 있다.

가족들의 집에 얼마나 자주 방문할지, 가족과 가까이 사는 것이 각자에게 얼마나 중요한지 의논하는 것도 좋다. 어느 가족과 가까이 살지 선택해야 할 수도 있다. 이런 문제에 대해서는 충분히 대화를 나눠야 한다.

15

부부 중 한 명만 은퇴할 때 생길 수 있는 문제 해결 방법

"은퇴한 남편은 흔히 아내의 상근직이나 다름없다."

_ 엘라 해리스(뉴질랜드 사이클 국가대표 선수)

맞벌이 부부가 서로 다른 시기에 은퇴하는 경우는 드물지 않다. 이는 나이 차이가 상당하거나 한 배우자가 예상치 못한 해고 또는 거부할 수 없는 명예퇴직으로 인해 계획보다 빨리 은퇴하는 경우에 일어날 수 있다. 혹은 한 배우자가 지쳐서 일을 그만둘 때가 되었다고 느끼는 반면 다른 배우자는 한창 더 일하고 싶어 할 때도 부부의 은퇴 시기가 달라질 수 있다.

상황이 어떻든 간에 부부 중 한 사람만 은퇴한 경우, 생활하다 보면 분노와 스트레스가 쌓이기 쉽다. 한동안 두 사람은 서로 다른 현실 속에 공존해야 할 것이고, 그런 상황이 낯설 수도 있다. 다음의 일곱 가지 조언이 그런 상황에 적응하는 데 도움이 될 것이다.

같은 시각에 자고 일어나라

은퇴한 배우자는 늦게까지 자지 않고 밤 시간을 즐기며, 알람시계 소리에 깨지 않고 원하는 시각에 마음대로 기상하는 것을 좋아할 수도 있다.

그러나 각자 수면 시간이 계속 다르면 부부가 함께 유쾌하게 보낼 시간과 친밀감이 줄어들 것이다. 게다가 한 배우자는 잠을 자려고 하는데 다른 배우자가 잠에서 깨거나 뒤늦게 잠잘 준비를 하면 수면에 방해가 되고 짜증을 유발할 수도 있다.

이 경우, 직장에 다니는 배우자가 일을 하는 시간에 은퇴한 배우자가 아르바이트를 하면 도움이 될 것이다. 혹은 그 시간에 정기적으로 하는 자원봉사나 활동을 찾으면 된다.

집안일을 재협상하라

은퇴한 사람은 배우자가 아직 직장에서 일을 하는 동안에 자신이 할 수 있는 집안일을 더 할 수 있다. 그러면 일하는 배우자는 진심으로 고마워할 것이고, 부부가 저녁과 주말마다 함께 즐거운 시간을 더 많이 보내게 될 것이다.

그러나 만일 당신이 일하는 입장이라면 은퇴한 배우자가 집안일을 당신과 다르게 할 수도 있다는 것을 받아들일 줄 알아야 한다. 예를 들어 식기세척기에 접시를 넣는 방식이나 빨래를 개는 방식, 물건을 정리하는 방식 등은 다분히 다를 수 있다.

아마 부부 갈등을 일으킬 수 있는 가장 큰 요인은, 일하는 배우자 입장에서 은퇴한 배우자가 집안일을 충분히 하지 않는다고 느낄 때일 것이다.

은퇴한 배우자는 수십 년 동안 일했으니 이제 여유로운 삶을 누릴 자격이 있다고 생각하는 반면, 일하는 배우자는 여전히 일을 한 후 집에 와서 여러 집안일을 해야 한다는 부담을 떠안기 때문이다.

소득 변화에 대해 솔직하게 대화를 나누라

대부분의 사람은 일할 때 번 액수보다 더 적은 은퇴 연금을 받을 것이다. 소득이 줄었으므로 소비 패턴이 어떻게 바뀔지에 대해 부부가 함께 의논해야 한다. 이는 특히 은퇴한 배우자와 관련된 문제일 것이다. 은퇴 후에는 한가한 시간이 더 많아져서 쇼핑을 하고 싶어 할 수도 있기 때문이다.

은퇴한 배우자는 자기만의 계획에 집중할 수 있다

누구에게나 언젠가 시간이 있으면 이루고 싶었던 계획들이 있기 마련이다. 만일 당신이 배우자보다 먼저 은퇴하게 된다면, 이 목록들을 성취해갈 기회도 먼저 주어지는 것이다. 그러고 나면 배우자가 은퇴할 때 함께 보낼 시간도 더 많아질 것이다.

은퇴한 배우자는 세상 사람들과 계속 교류해야 한다

일단 부부가 둘 다 은퇴하면, 함께 활동하면서 시간을 보낼 수 있을 것이다. 그러나 그 전까지 은퇴한 배우자는 온종일 집에 혼자 고립돼 있지 않도록 대책을 마련해야 한다. 대체로 이럴 때는 집에서 나와 사람들과 교류하기 위해 아르바이트를 하는 경우가 많다.

만일 당신이 배우자보다 먼저 은퇴한다면, 건강에도 좋지 않은 TV 시청이나 컴퓨터 사용 시간을 제한하라. 차라리 그 시간에 밖으로 나가 이웃과 교류하라.

배우자의 욕구를 계속 의식하라

일단 은퇴하면 직장과 관련된 문제에 대해서는 별로 듣고 싶지 않을 수도 있다. 그러나 일하는 배우자는 그날 직장에서 겪었던 일에 대해 이야기할 수 있는 상대가 존재한다는 사실을 고마워할 것이다.

일하는 배우자는 직장에서 힘든 하루를 보낸 후 집에서라도 마음 편히 쉬고 싶을 수 있는 반면, 은퇴한 배우자는 함께 활동하기를 갈망할 수 있다. 이럴 때 부부간의 갈등이 생길 수도 있다는 점을 인식하라.

배우자가 은퇴 생활에 적응하는 동안 인내심을 가지라

누구나 은퇴하면 많은 변화에 적응해야 한다. 빼곡한 일정

에 익숙한 사람이라면, 느슨해진 일상생활에 적응하는 것을
버거워할 수도 있다.

은퇴 후에는 낮에 다른 사람들과 대면할 일이 비교적 줄
어든다. 특히 친구들이 대부분 직장 동료인 경우에는 더할 것
이다. 또한 목적의식이나 직업 정체성의 상실감을 이겨내려고
몸부림칠 수도 있다.

일하는 배우자는 이 모든 변화를 이해하기 힘들 수도 있다.
그러나 은퇴한 배우자가 겪는 변화에 대해 공감하고 격려하고
위로해주면 도움이 될 것이다.

5부

독거인의
은퇴 생활

지금 결혼 생활을 하고 있더라도 배우자와 동시에 사망하지 않는 한, 언젠가 둘 중 한 사람이 혼자 살 날이 올 것이다. 그러므로 부부가 함께 보낼 행복한 은퇴 생활을 꿈꾸고 계획을 세우더라도, 배우자를 떠나보내고 혼자 남을 경우 어떻게 살 것인지 어느 정도 생각을 해두어야 한다.

16

독거인이 은퇴 후
잘 사는 방법

"평생 우정을 쌓은 친구들이 있고 지역의 친목 단체와 유대 관계가 있는
사람들은 은퇴하거나 노년에 이르거나 배우자를 잃으면 고립되지 않을까
두려워할 필요가 없었다. 독거인들은 너무 힘들 때는 자신의 대가족뿐 아니라
예로부터 상부상조하던 이웃사촌의 도움에 기댈 수 있었다."
_ 주디스 마틴(미국 기자, 작가)

은퇴 후의 계획과 생활에 대해 다룬 정보들은 대부분 부부들에게 초점을 둔 것이 많다. 독거 은퇴자들은 특별한 관심 분야가 몇 가지 있다. 하지만 흔히 그 점은 잘 인식되지 않거나 다루어지지 않는다.

　지금 결혼 생활을 하고 있더라도 배우자와 동시에 사망하지 않는 한, 언젠가 둘 중 한 사람이 혼자 살 날이 올 것이다. 그 점에 대해 생각해보라. 이 장의 후반부에서는, 그날이 올 때 혼자 남은 배우자가 더 쉽게 살 수 있도록 미리 고려할 수 있는 몇 가지 사항을 제안할 것이다.

　대부분의 사람이 품는 가장 큰 두려움 중 하나는 혼자 죽거나 말년을 요양원에 갇혀 외롭고 지루하게 보내는 것이다. 그러나 계획을 제대로 세우면 그런 걱정을 할 필요가 없다.

어떤 사람들에게는 혼자 산다는 것이 전혀 낯설지 않다.

일반적으로 말하면, 독거 노인들은 두 가지 광범위한 범주 가운데 하나에 해당한다. 즉, 인생의 대부분 또는 전부를 독신으로 지낸 사람들과, 결혼 생활을 하다가 이혼이나 배우자의 사망으로 혼자가 된 사람들이다.

장기 독거인들은 이미 혼자 사는 일에 익숙하다는 점에서 유리하다. 친구를 사귀고, 참여할 활동과 단체를 찾고, 인적 지원망을 유지하는 데 능숙하다. 혼자 생활할 수 있고 혼자 시간을 보내는 게 편하다.

사실, 많은 독거인들은 독립성과 자율성을 즐기고, 대개 동반자를 찾으려 하지 않는다. 그들은 혼자라서 매우 행복해 한다. 더 많은 자유를 누리고, 형편대로 예산을 세워 지출할 수 있다. 또한 원하는 시간과 장소를 정해 여행할 수 있으며 가장 보람을 느끼는 활동에 언제든 참여할 수 있다.

장기 독거인들이 직면하는 가장 큰 도전은 은퇴에 대비해 저축을 많이 하지 않았을 것이라는 점이다. 직장에 다니는 내내 혼자 번 급여만으로 생활하기 바빴을 것이다. 여성들은 성별에 따른 급여 차이로 인해 불이익을 더 받았을 수도 있다. 그럴 경우, 퇴직금으로 저축할 액수가 더 적어진다.

여러 해 동안 배우자와 살다 혼자가 된 사람들은 생활 방식이 급격히 바뀐다는 문제가 있다. 그러한 변화는 조의 기간이 지나도 쉽게 지속될 수 있다. 그들은 아마 부부로서 여생을 어떻게 보낼 것인가에 초점을 맞춰 은퇴 생활을 계획해봤을 것이다. 이제는 혼자 남은 새로운 현실을 반영하기 위해 계획을 재조정해야 한다.

반면 경제적으로 형편이 더 나아질 수도 있다. 단, 두 배우자 모두 은퇴에 대비해 저축을 했거나, 외벌이 가구의 경우 가장이 두 사람이 함께 보낼 은퇴 생활을 기대해 저축했다고 가정한다면 말이다. 살아남은 배우자는 생명보험금을 지급받을 수도 있다.

이 장에서는 혼자 사는 은퇴자들이 특별히 관심을 두는 세 가지 분야인 사회 활동, 인적 지원망, 주거 형태에 대해 다루겠다.

사회 활동

인생에서 어느 정도 고독한 시간을 갖는 것을 가치 있게 여기는가? 그렇더라도 온종일 집에만 있어서는 안 된다. 반드시 자주 외출하라.

식당에서 식사를 즐기거나 당일치기 여행을 가거나, 영화관, 콘서트장, 박물관에 갈 때 동반자가 있을 필요는 없다. 이것은 결혼 생활을 오래 하고 혼자된 지 얼마 안 된 사람에게는 큰 변화일 수 있다. 가끔 데이트를 하는 것도 괜찮다.

어쨌거나 함께 외출할 사람이 없다고 외롭게 집에 틀어박혀 있기보다는 나가서 혼자 즐기는 편이 훨씬 낫다.

인적 지원망

그동안 독립적으로 잘 살아왔다 하더라도, 나이가 들수록 가끔은 예약 장소로 태워주고 보살펴줄 수 있는, 신뢰할 수 있는 사람들로 구성된 인적 지원망을 구축하는 것이 중요하다. 만일 그런 도움을 기꺼이 줄 수 있는 가족 구성원이 인근 지역에 없다면, 친구들과 이웃들에게 의지해야 할 것이다.

나이가 들수록 병원 갈 일도 많은데 병원 진료 후 집에 데려다주고, 회복하는 동안 정기적으로 방문해서 도와줄 사람도 필요할 것이다. 가정 보호 서비스를 받을 수도 있지만, 그러면 비용이 많이 들 수 있다.

현재 건강해서 활동을 많이 한다면, 앞으로 몇 년 동안은 다른 사람들의 도움이 필요하지 않을 수도 있다. 그러나 지금 그런 인적 지원망을 미리 갖춰 놓는다고 해서 손해 볼 건 없다. 마냥 손을 놓고 있다가 남의 도움을 빌려 도우미를 찾는 지경까지 가서는 안 된다. 게다가 문제가 닥쳤을 때 급하게 도움이 필요해서 사람을 구한다면 어색함 탓에 그와 금세 친해지기도 어려울 것이다.

인적 지원망으로 선택한 사람들은 당신에 관한 몇 가지 중요한 정보를 알아야 한다. 예를 들면, 보험설계사가 누구인지, 복용하는 약들이 어디에 있는지, 어떤 알레르기가 있는지 등이다. 주요 가족 구성원이나 친구들의 연락처도 알아야 한다.

주위에 친구, 가족, 이웃으로 구성된 충분한 인적 지원망이 없다면 그 지역에 노인 지원 단체가 있는지, 어떤 서비스를 제공할 수 있는지 조사하라. 은퇴 후 새로운 곳으로 이사할 계획이라면, 그런 단체의 존재 여부가 선택 기준이 될 것이다.

주거 형태

장기 독거인들은 혼자 사는 일에 익숙해서 은퇴 후에도 오랫동안 그렇게 살 수 있을 것이다. 그러나 조만간 다른 사람들과 함께 살거나 이웃끼리 친밀하게 지내는 공동체에서 살아야 할 때가 올 것이다. 요양 시설로 들어가는 것을 지연시키고 도움을 받으며 살 수 있는 몇 가지 주거 형태가 있다.

공동 주택 공동체

공동 주택 공동체는 공유하는 공간을 중심으로 개인 주택이 밀집된 것으로, 관심사가 비슷한 사람들이 친밀하게 생활한다. 인접한 각 주택 또는 1인 가족 주택에는 개인 부엌을 포함해 전통적인 편의 시설이 있다. 공유 공간은 일반적으로 공동 주택의 특징으로, 넓은 부엌과 식당, 세탁실 및 여가 활동 공간이 포함되기도 한다.

이웃들은 모두가 서로 돕기 위해 공동체의 일원이 된다. 그들은 공동체의 활동을 계획하고, 공유 공간을 관리하고, 필요한 도구와 자원을 공유한다.

대부분의 공동 주택 공동체는 은퇴자들에 초점을 둔 곳도 일부 있지만 여러 세대가 함께 거주한다. 일부 젊은 이웃들이 노인 거주자들의 필요 사항을 충분히 인식하지 못할 수도 있고, 필요 이상으로 더 많은 보살핌을 제공할 수도 있다. 그러나 다세대 공동체는 여러 면에서 이점이 있다.

공유 주택

공유 주택은 말 그대로 가족이 아닌 두 명 이상의 어른들이 한 집을 공유하는 것이다.

공유 주택은 주택 소유자가 방을 한 개 이상 다른 사람에게 임대하거나, 두 사람 이상이 주택이나 아파트를 임차하는 식이다. 어느 경우든, 룸메이트를 신중하게 선택하고 서면으로 합의서를 작성해 모든 당사자가 서명하는 것이 중요하다. 합의서에는 비용 분담, 집안일 분담, 기본 규칙, 파티 및 하룻밤 투숙객에 대한 규칙, 그리고 오해가 생길 수 있는 다른 영역을 명시한다.

배우자를 떠나보낸 후의 삶을 대비하라

지금 결혼 생활을 하고 있더라도 배우자가 당신의 유일한 친구, 지원자가 되어주기를 기대하지 마라.

결혼한 이들은 대부분 일을 분담한다. 예를 들어 한 사람은 재정적인 문제를 전담하고, 다른 사람은 친구들과 친척들의 연락처를 관리한다. 부부 중 한 사람이 정상적인 생활을 하지 못하게 되거나 사망했을 때 다른 사람이 대신할 수 있도록 두 사람 모두 상대방이 분담해온 일에 대해 충분히 알고 있어야 한다.

중요한 정보를 적어두었다가 필요할 때 찾을 수 있는 안전한 장소에 보관하는 것이 좋다. 여기에는 아이디와 비밀번호, 설명서, 그리고 재정 고문, 변호사, 보험설계사, 친척 등의 연락처가 있어야 한다.

부부가 함께 보낼 행복한 은퇴 생활을 꿈꾸고 계획을 세우더라도, 배우자를 떠나보내고 혼자 남을 경우 어떻게 살 것인지 어느 정도 생각을 해두어야 한다.

17

혼자 하는 여행의
즐거움

"미지의 세계로 발 들이는 것을 두려워하지 마라.
위험이 있는 곳에는 보상도 있다."
_ 로리 포스터(미국 피트니스 사업가, 작가)

혼자 여행하는 것은 특히 독거 은퇴자들이 직면하는 가장 큰 도전 중 하나일 것이다.

더구나 배우자와 함께 여행하는 것이 익숙할 경우, 부부 중 한 사람이 죽으면 혼자 남은 배우자는 가족을 방문하는 일이면 모를까 그것보다 더 모험적인 여행을 혼자 하는 것은 꺼려질 수 있다.

인생의 대부분을 독신으로 지냈든, 이혼이나 배우자의 사망으로 혼자 살게 되었든 상관없이, 은퇴 후 여행하겠다는 꿈을 포기할 필요는 없다.

배우자보다 먼저 은퇴했는데 배우자가 여행에 관심이 없거나 여행할 수 없는 상황이라면, 혼자 여행할 수도 있다.

가장 어려운 단계는 아마 혼자 여행하라고 스스로에게 설득하는 일일 것이다. 하지만 일단 가보면, 혼자 여행하는 것이 인생에서 가장 성취감이 큰 경험 가운데 하나임을 알게 될 것이다.

혼자 하는 여행의 장점

혼자 여행을 떠나면 다른 누군가를 신경 쓸 필요 없이 자기 속도에 맞춰 다니고, 흥미 있는 활동을 하고, 먹고 싶을 때 원하는 곳에서 먹으며, 쓰고 싶은 곳에서 돈을 마음껏 쓸 수 있다.

반면, 다른 사람과 여행하면 서로 하고 싶은 활동이 다를 때가 있다. 나는 박물관에서 그만 나가고 싶은데, 일행은 더 머무르고 싶어 할 수도 있는 것처럼 말이다.

그러나 혼자 여행하면 타협할 필요가 없다. 피곤하면 하루 쉬었다 갈 수 있고, 기운이 넘치거나 마음이 내키면 계속 갈 수 있다.

혼자 여행하면 주변 환경을 더 꼼꼼히 볼 수도 있을 것이다. 다른 사람들과 함께 여행하면, 당연히 동행이나 단체에 주의가 쏠린다.

함께 겪은 경험을 바탕으로 다른 사람들과 유대감을 형성하는 것은 좋지만, 동행인이 있을 경우 주변에 있는 모든 볼거리, 들을 거리, 향취들을 온전히 감상하지 못할 수도 있다.

또한 아무래도 동행인과 함께하는 시간에 집중하느라 현지인들이나 다른 여행자들과 교류할 가능성이 적기 때문에, 그들과 흥미로운 정보를 공유하지도 못할 것이다.

혼자 하는 여행의 단점

혼자 여행하면 고정적으로 함께 식사할 친구가 없다. 그러나 어색해할 필요는 없다. 길거리 카페에 앉아 식사를 하면 사람들을 구경하는 재미가 있다.

혼자 여행하면 대개 비용이 더 든다는 문제도 있다. 숙박비나 택시비를 분담할 동행이 없기 때문이다.

크루즈 여행은 단체 관광만큼 좋은 선택이다. 그러나 대부분의 크루즈에는 1인 추가 요금이 있다. 한 방에 두 명이 아니라 한 명만 있는 경우 손실을 만회하기 위해 추가 요금을 부과한다.

그래도 요즘은 혼자 여행하는 사람들에게 더 작은 방을 제공하는 크루즈도 몇 척 있으니 크루즈 여행을 계획 중이라면 미리 알아보는 게 비용 절감에 도움이 될 것이다.

인트레피드 트래블, 홀랜드아메리카 라인 크루즈 같은 몇몇 여행사는 룸메이트를 찾아주는 옵션도 있다.

또 다른 옵션은 예약 마감일 마지막 순간에 예약을 한 후 1인 추가 요금을 부과하지 말라고 요구하는 것이다. 크루즈나 투어에 아직 빈자리가 있다면, 여행사 입장에서는 객실을 비워두는 것보다는 승객을 한 명이라도 더 확보하는 것을 선호하기 때문이다.

대다수 크루즈에는 혼자 여행하는 사람들을 연결해주는 특별한 프로그램이 있다. 만약 크루즈에서 새로운 사람들을 만나는 일에 관심이 있다면, 여행을 떠나기 전에 크루즈크리틱닷컴CruiseCritic.com에서 예정된 크루즈 여행에 관한 토론 게시판에 들어가 친구를 사귀라. 곧 승선할 크루즈 여행과 관련된 페이스북 그룹이 생성되어 있을지도 모른다.

여기서는 주로 크루즈 여행에 관련된 팁을 제공했는데, 이 밖에도 저렴하게 여행할 수 있는 다른 방법들이 많다. 그러니 혼자서도 알뜰하게 여행할 수 있는 방법을 알아보라.

홀로 여행 시 지켜야 할 안전 수칙

혼자 여행하는 사람들은 상식적으로 행동하고 몇 가지 안전 수칙을 따라야 한다.

홀로 여행지를 돌아다닌다면, 하루 여행 일정이 적힌 메모를 호텔 방에 남겨두라. 그러면 당신이 돌아오지 않을 경우, 어디에서부터 찾을지 알 수 있다.

특히 밤에는 개방된 공공장소에 있으라.

밖으로 모험을 나가기 전에 지도, 대중교통 시간표 및 요금에 대해 조사하라. 길을 잃은 것처럼 보이면 부도덕한 사람들의 표적이 될 수도 있다.

자신감 있게 행동하고 힘차게 걸으라.

택시 요금이 얼마인지 알아보고, 타기 전에 택시 기사에게 요금을 확인하라. 호텔의 안내원이나 프런트 데스크 직원에게 평판이 좋은 택시를 불러달라고 요청하라.

현지인들과 잘 어울리는 옷차림을 하라. 관광명소나 당신이 방문한 장소의 사진이 인쇄된 옷을 입으면 스스로 관광객이라고 광고하는 것이나 다름없다.

휴대전화에 관할 경찰서의 전화번호를 입력해두는 것도 좋은 생각이다.

이와 같은 몇 가지 안전 수칙만 지킨다면, 혼자 하는 여행은 단체 여행보다 더 쉽게 현지인들과 어울릴 수 있다는 이점도 있다.

나 홀로 여행에서 친구를 사귀는 방법

홀로 떠난 여행지에서 새로운 친구를 사귀고 싶은가? 열린 마음으로 사람들을 대하라. 그러면 현지인들이나 다른 여행객들과 자연스럽게 대화를 나눌 기회가 종종 찾아올 것이다. 대부분의 웨이터, 호텔 직원, 여행객들은 여행지에 대해 궁금한 것들을 질문하면, 기꺼이 좋은 곳을 추천해주고 조언해줄 것이다. 만일 아침 식사가 제공되는 숙박 시설에 머물거나 에어비앤비를 이용한다면, 시설 관리자에게 도움을 청해보라. 그들은 손님들이 목적지를 찾을 수 있도록 돕는 일에 익숙할 것이다.

다른 사람에게 사진을 찍어달라고 부탁하는 것은 말문을 트는 좋은 방법이 될 수 있다. 사진을 찍으려고 자리를 잡는 사람들에게 먼저 다가가 모두가 나올 수 있게 단체 사진을 찍어주겠다고 제안하며 대화의 물꼬를 틀 수도 있다.

소셜 미디어를 이용해 혼자 다니는 다른 여행객을 찾을 수도 있다. 미트업 단체 사이트를 통해, 사진을 찍으며 걷는 산책이나 해피 아워(보통 늦은 오후나 초저녁에 술집에서 할인된 가격에 술이나 음식을 제공하는 시간을 뜻함-옮긴이) 같은 이벤트를 찾아보라.

대다수의 도시에는 외국인들에게 인기 있는 식당이나 술집이 있다. 인터넷을 통해서 알아보거나 현지인들에게 물어보면 찾을 수 있을 것이다. 그곳에서 같은 언어권 사람들을 만날 수도 있다. 그들은 당신에게 조언을 해주거나 함께 활동을 할 수도 있다.

젊은 사람들이 나이 든 사람들과 함께 있는 것을 불편해한다고 지레짐작하지 마라. 대부분의 사람이 나이 차이를 별로 대수롭지 않게 생각한다는 것을 곧 알게 될 것이다. 많은 문화권에서는 연장자를 존중한다. 당신은 혼자 여행한다는 사실만으로도 많은 사람에게 모험심이 강하고 흥미로운 사람으로 비칠 것이다.

만약 혼자 장거리 여행을 할 준비가 되어 있는지 확신이 서지 않는다면, 우선 주말에 가까운 곳부터 여행해보라. 다른 나라로 여행할 준비가 되어 있지 않다면, 가까운 나라부터 여행하라. 굳이 특정한 장소를 선택할 필요는 없다. 때때로 정처

없이 떠나는 장거리 자동차 여행이 큰 모험이 되기도 한다.

혼자 여행하면 자신감이 커진다

어떤 사람들은 홀로 여행을 떠나보면, 여행지에 대해 알게 되는 만큼 자기 자신에 대해 알게 된다고 말한다. 다른 사람들과 여행하면 우정이 돈독해지고, 기분 전환이 되고, 즐거운 시간을 보낼 수 있다. 반면, 혼자 여행하면 진정한 자아를 찾게 되는 것이다.

6부

은퇴 후
삶의 자세

나이를 먹는 건 피할 수 없기 때문에 그 사실을 받아들이는 편이 낫다. 인생은 어느 시기든 장점이 있기 마련이다. 더 이상 할 수 없는 일에 대해 우울해하기보다는 여전히 할 수 있는 모든 일에 감사하라. 그리고 이제 그것을 할 수 있는 시간이 더 많다는 사실을 기뻐하라.

18

은퇴는 목적지가 아니라 여정이다

"단지 오래 산다고 늙는 사람은 없다. 이상을 버리는 순간 늙는다.
세월이 흐르면 피부에 주름이 지겠지만,
열정을 버리면 영혼에 주름이 생긴다."

_ 사무엘 울만(독일계 미국 사업가)

어쩌면 당신은 직장에 다니는 동안 줄곧 은퇴를 목적지로 여겼을 것이다.

언젠가는 도달하기를 바라는 그 목표를 위해 열심히 저축을 한다. 그러나 일단 그 목적지에 도착하면, 그다음에는 어떻게 할 것인가?

몇몇 사람들이 기대감보다는 두려움으로 은퇴를 받아들이는 것은 은퇴를 목적지로 여기기 때문이다. 그들은 은퇴를 결승선이나 길 끝으로 본다.

그러나 은퇴는 그저 여행하며 지나가는 이정표일 뿐이다. 그것은 한 지역에서 다른 지역으로 경계선을 넘는 것과 같다. 길은 계속 나 있을 것이다.

당신의 삶은 학교를 졸업하고 상근직에 들어가면서부터

현재까지 숱하게 바뀌었다. 아마 직업도 경력도 바뀌었을 것이다. 그에 따라 사는 지역도 많이 바뀌었을 수 있다. 결혼을 하고, 가정을 꾸렸을 수도 있다. 친구들을 사귀다 헤어지기도 하고, 취미와 관심사가 발전하고, 몸이 예전 같지 않을 것이다.

은퇴 생활은 아마 틀림없이 20년 또는 30년 동안 지속될 것이다. 그러나 그 삶이 일차원적인 정체 상태는 아닐 것이다. 은퇴 후 삶은 여러 면에서 계속 진화할 것이다.

당신은 꾸준히 앞으로 나아갈 것이고, 만나는 사람들은 계속 바뀔 것이다. 아마 새로운 곳으로 여행하고 새로운 활동을 할 것이다.

하루하루 자신의 삶이 크게 변하는 것을 모를 수도 있다. 직장에 다니는 동안에 많은 변화가 없어 보였던 것처럼 말이다.

그러나 1년, 5년, 또는 10년마다 멈춰서 돌아보면, 얼마나 많은 것이 변했는지, 삶이 어떻게 꾸준히 발전했는지 깨닫고 깜짝 놀랄 것이다.

'은퇴'라는 여정은 아마 몇 단계를 거치게 될 것이다. 그것은 특정한 사건이나 나이에 의해서가 아니라 점진적인 변화로 구분될 것이다. 중복되는 단계도 있고, 지속되는 단계도 있을 것이다.

활동하기 무리 없는 시기

50대 중반에서 60대 중반에 은퇴한다면, 아마 여전히 꽤 건강할 것이고, 활동적이고 독립적인 생활을 할 수 있을 것이다. 나이만 먹었을 뿐 아직 늙었다는 기분은 들지 않을 것이다. 사실, '늙으면' 기분이 어떨지도 잘 모른다.

이 기간에는 여행이나 신체 활동을 많이 하며, 여러 단체에도 가입할 수 있다. 정원 가꾸기와 집 내부공사를 할 수 있는 시간이 충분할 것이고, 은퇴를 즐기기 위해 다른 곳으로 이사할 수도 있다. 하루의 일정이 직장을 다닐 때처럼 꽉 차 보일 수도 있다. 그래도 인생의 이 시기에 바쁘고 활동적으로 생활하는 것은 정신적으로나 육체적으로나 좋다.

몸이 무거워지는 시기

시간이 지나면 나이가 들었다는 것을 점차 실감할 것이다. 아마 여전히 여행은 하겠지만, 여행 가방이 더 무거워 보일 것이고, 여행 일정은 더 느슨해질 것이다. 목적지가 더 가까운 짧은 여행을 선호할 수도 있다.

할 일은 여전히 많지만 신체 활동은 그만큼 많이 할 수 없을 것이다. 강의를 듣고 콘서트장, 극장, 박물관에서 문화생활을 즐기며 계속 정신적 자극을 받을 수 있다. 격렬한 활동을 하지 않고도 즐길 수 있는 취미가 여전히 많다. 당신은 아마 느긋하게 쉴 시간이 더 많아진 것을 다행으로 여길 것이다.

움직이기 힘든 시기

결국 어느 시점에는 지금까지 누려온 많은 활동을 줄여야 할 것이다. 가족, 친구, 도우미의 도움을 받거나, 요양 시설로 옮겨야 할 수도 있다.

다행히 당신이 할 수 있는 일이 아직 있다. 책을 읽고, 음악과 영화를 감상하고, 퍼즐을 할 시간이 더 많아질 것이다. 글쓰기를 좋아하면 회고록이나 가족사, 시, 소설을 쓸 수 있다. 오늘날 여러 통신 매체 덕택에 가족 및 친구들과 연락하고 세상 흐름을 파악하는 일이 어느 때보다도 쉬워졌다.

한 해가 지날수록 은퇴 생활이 전과 같지 않다는 사실을 깨달으면 남은 인생에 어떤 활동을 할 수 있을지 더 잘 알게 될 것이다.

또한 은퇴 후 하고 싶은 활동 목록이 많으면 은퇴 생활의 각 단계마다 어떤 항목에 집중해야 하는지 계획을 더 잘 세울 수 있을 것이다.

더욱 철학적인 관점에서 보면, 시간의 흐름에 따라, 그리고 삶의 각 단계마다 어떤 즐거움을 누려야 할지 인식할 수 있을 것이다.

19

버킷 리스트를
실현하는 방법

"위대한 일을 성취하기 위해서는 두 가지가 필요하다.
계획, 그리고 충분하지 않은 시간이다."
_ 레너드 번스타인(미국 지휘자, 작곡가, 피아니스트)

당신은 버킷 리스트가 있는가?

'버킷 리스트bucket list'라는 용어가 생소한 사람들에게 설명하자면, 그것은 당신이 '양동이를 차기kick the bucket('사망한다'는 뜻)' 전에 하고 싶은 일의 목록이다. 2007년 12월에 개봉한 잭 니컬슨과 모건 프리먼 주연의 영화 〈버킷 리스트〉가 상영된 뒤에 흔히 쓰이게 되었다. 이 용어가 불과 10년 만에 어떻게 사람들의 머릿속에 그렇게 깊이 각인되었는지 놀랍다.

버킷 리스트가 있는 건 좋다. 그러나 버킷 리스트에 적힌 항목을 실천할 시간을 낼 수 있을까? 대체로 은퇴 후에도 일상에 매여 있기 쉽다. 그러다 보면 어느덧 세월이 흘러 버킷 리스트의 항목은 여전히 '언젠가' 이룰 꿈으로만 머물러 있을 것이다.

버킷 리스트 실현을 위한 다섯 단계

버킷 리스트를 실천할 수 있는 다섯 가지 단계가 있다. 이를 통해 좀 더 즐겁고 성취감을 느끼는 은퇴 생활을 할 수 있을 것이다.

글로 작성하라

당신의 버킷 리스트는 머릿속에서 수시로 바뀌는 모호한 생각을 적어둔 것에 불과한가? 아니면 확고한 생각을 적어 놓았는가?

남은 인생에 하고 싶은 활동 목록을 실제로 적어두면 성취할 확률이 커질 것이다. 게다가 구체적으로 기대할 만한 것이 있을 때 은퇴를 더 긍정적으로 볼 것이다.

아직 버킷 리스트를 작성하지 않았다면 우선 펜과 종이를 꺼내거나 컴퓨터에 새 문서 창을 띄우라. 생각이 떠오르는 대로 기록하라.

그동안 살아오면서 고국이든 외국이든 가보고 싶었던 장소가 있을 것이다. 또한 그동안 찍어둔 사진을 정리한다거나 회고록을 쓰는 일 같은, 하고 싶은 프로젝트도 있을 것이다. 스페인어 수업을 듣거나 비행기 조종법을 배운다든가 하는, 배우고 싶고 시도하고 싶은 새로운 활동을 생각해보라. 인생을 되돌아보고, 한때 흥미가 있었지만 실행할 시간이 없었던 활동을 떠올려보라.

새로운 아이디어들이 떠오를 때마다 얼른 버킷 리스트를 다시 쓰고 싶을 것이다.

이미 작성해둔 버킷 리스트가 있으면 꺼내보라. 어떤 새로운 활동을 추가하고 싶은가? 리스트를 마지막으로 검토한 뒤로 어떤 항목을 실천했는가?

이 장에서는 여행 버킷 리스트, 즉 가보고 싶은 장소 목록과 장소별로 하고 싶은 활동에 초점을 둘 것이다. 그런 다음에는 여행의 꿈을 더 쉽게 이룰 수 있도록 몇 가지 방법을 제시하겠다.

당신이 아직 가본 적 없고 언젠가 방문하고 싶은 모든 장소를 생각해서 목록에 추가하라. 아마 예전에 간 적이 있는데 다시 방문하고 싶은 장소가 있을 수도 있다. 이를테면 대학 캠퍼스나 당신이 성장한 마을, 어린 시절에 가족이 휴가를 보낸 곳등 추억이 서려 있는 장소들이다.

이 목록의 범위는 전적으로 당신에게 달려 있다. 어떤 종류의 여행을 선호하든, 국내든 해외든 상관없이, 목록에는 자신만의 취향이 반영될 것이다.

일단 목록을 걸러내지 마라. 너무 비용이 많이 들 것으로 예상되거나 능력 밖에 있는 항목이라는 확신이 든다고 해서 그것을 목록에서 빼는 일이 없도록 하라. 목록을 편집하는 일은 나중에 할 것이다. 우선은 가능성이 있다는 전제 하에 자유자재로 목록을 작성하라.

아이디어가 잘 떠오르지 않는 경우를 위해 특별한 순서 없이 몇 가지를 제안하겠다.

- 그랜드 캐니언, 옐로스톤, 요세미티 등 미국의 주요 국립공원 방문
- 페루 마추픽추 방문
- 주요 스포츠 행사 참가
- 헬리콥터 타고 그랜드캐니언 상공 날기
- 대서양 횡단 크루즈 여행
- 남극대륙 방문
- 메이저리그 경기장에서 야구경기 관람하기
- 전국 일주 여행
- 아프리카 사파리에 가서 사진 찍기
- 북극광 보기
- 캐나다 횡단 철도 탑승

- 파나마 운하 크루즈 투어

- 중국 만리장성 방문

- 갈라파고스 제도 방문

- 뉴질랜드 밀퍼드사운드(남섬의 남서 해안에 있는 피오르드로 멋진 원시의 자연풍광을 볼 수 있음-옮긴이) 크루즈 투어

- 프랑스 루브르 박물관 탐방

- 그리스 아크로폴리스 방문

- 이집트 피라미드 방문

- 해안 놀이공원 여행

- 오스트레일리아 그레이트 배리어 리프(동쪽 해안을 따라 발달한 세계 최대의 산호초-옮긴이) 스쿠버 다이빙

- 나이아가라 폭포 방문

- 아이슬란드 방문

- 타히티 여행 및 수상 방갈로 탐방

- 킬리만자로 산 등반

주로 해외 여행과 관련한 목록을 언급하긴 했지만 여행 버킷 리스트 항목이 굳이 이국적이거나 거창할 필요는 없다. 자동차로 몇 시간 거리에 있는 곳으로 가는 주말여행도 나무랄 데 없다.

목록을 편집하라

작성한 항목 중 일부는 대략적인 반면 어떤 항목은 상당히 구체적일 수도 있다.

버킷 리스트 항목은 구체적일수록 좋다. 예를 들어, '태국 여행'이라고만 하지 말고 '방콕에서 태국 요리 수업 듣기' 또는 '치앙마이에 있는 절 방문하기'라고 적는 것이다. 혹은 '태국'이라고 쓴 다음, 그곳에서 가보고 싶은 장소와 하고 싶은 활동을 덧붙이며 상세한 목록을 작성하면 된다.

만약 자신을 정말로 설레게 하지 않는 항목이 있다면 망설이지 말고 삭제하라. '해야 한다'고 생각하기 때문에 목록에 올려놓긴 했지만 '별로 하고 싶지 않은 것'이 있다면 과감하게 지우라.

물론 낙관적이고 긍정적으로 생각하는 것도 좋지만, 자신의 체력이나 재정적인 상황을 고려했을 때 역부족인 비현실적 항목이 있다면 삭제하는 것이 낫다.

설령 시간이 걸리더라도 목록에 있는 모든 것을 성취할 수 있다고 믿는 태도는 당연히 중요하다.

우선순위를 정하라

버킷 리스트에서 먼저 실행할 항목을 선택하라. 그런 다음 다섯 개를 고르라.

강한 체력을 요구해서 한 살이라도 더 젊을 때 실천하기 수월한 항목이 있다면, 먼저 그것부터 하는 것이 유리하다. 킬리만자로 산 등반이나 그레이트 배리어 리프의 스쿠버 다이빙은 은퇴 초기에는 가능할 수도 있지만, 나이가 들수록 더 어렵거나 불가능해질 수도 있다.

우리에게 시간이 얼마나 남았는지는 아무도 모른다. 그렇기 때문에 가장 중요한 항목의 우선순위를 정해두는 것이 필요하다.

결혼했다면 배우자에게 여행 버킷 리스트를 작성하도록 한 다음, 목록을 비교해보고 상의하여 취합하라.

일정을 잡으라

이제부터가 흥미로워진다. 버킷 리스트가 '하고 싶은 일' 목록에서 '할 일' 목록으로 바뀌는 것이다. 여기서부터 버킷 리스트가 현실이 된다.

첫 버킷 리스트 여행을 가고 싶은 시기를 선택하라. 1~2년 혹은 몇 년 뒤 여행할 예정이라면, 지금 시점에서는 날짜가 다소 잠정적이라 멀게만 느껴질 수 있다. 그렇더라도 그날 다른 일을 하지 않도록 날짜를 달력에 표시해두는 것이 좋다.

나머지 상위 5위권 리스트에는 당신이 가기로 계획한 연도를 기록하라. 목표로 정한 날짜를 다섯 개 이상 정해 놓으면 훨씬 더 계획을 실현하기에 좋다.

명심하라. 만약 날짜만 적고 일정을 잡지 않으면, 아마 결국엔 목표를 실행하지 못하게 될 것이다.

그다음 버킷 리스트 여행을 실행할 때는 다른 모든 계획이 착착 맞아떨어지는 것을 보고 놀랄 것이다. 다음 여행을 확실한 목표로 정하면, 실행하기 위해 저축하고 일의 우선순위를 정할 방법을 찾게 될 것이다.

만약 일 년에 버킷 리스트 여행 한 가지씩이라도 할 수 있다면, 아마 리스트에 있는 목적지에 전부는 아니더라도 대부분 갈 수 있게 될 것이다. 설사 모든 목적지에 이르지 못하더라도, 아예 시도하지 않는 것보다는 훨씬 더 많은 목표를 성취할 수 있다.

실행하기 위해 무엇이 필요한지 확인하라

리스트를 적어놓고 가만히 있는다고 저절로 여행하게 되는 건 아닐 것이다. 여행하려면 계획을 세우고 저축을 많이 해두어야 한다.

비용이 얼마나 들지도 조사하라. 다양한 여행 블로그와 웹 사이트를 방문해 목적지에서 볼거리와 해보고 싶은 일에 대해 더 알아보라.

여유가 생기면 비행기 표를 사두는 것도 좋다. 호텔이나 크루즈를 예약하라. 인기 있는 일부 행선지는 미리 예약을 해야 한다. 그러려면 자신의 행동력에 대한 믿음이 커야 실행 가능하다. 그러나 또 반대로 확신은 없더라도 예약을 해두면 꿈을 실행할 의지가 단단해지기도 한다.

현재 버킷 리스트의 항목을 실천할 재원이 부족하다면, 외식 같은 다른 지출을 기꺼이 줄일 수 있겠는가? 그 돈을 마련하기 위해 일을 구할 의향은 있는가?

버킷 리스트의 일부 항목은 절충이 필요할 수도 있다. 예를 들어, RV를 타고 국토 횡단 여행을 하고 싶다면, RV를 구입해야 할 뿐 아니라 여행을 계획한 기간 동안 해야 하는 다른 활동과 다짐도 포기해야 할 수 있다.

이럴 때 당신은 집을 팔겠는가, 집을 관리해주거나 임대해줄 사람을 찾겠는가? 아니면 그냥 방치해둘 것인가?

버킷 리스트의 일부 항목이 결코 실행되지 않을 수도 있는 또 다른 이유는, 의도치 않은 변화가 필요하기 때문이다. 그런 항목은 당신에게 새로운 습관을 들이거나 힘에 부치는 훈련을 받거나 안전지대를 떠나라고 요구할 수도 있다. 그럴 때 당신은 어떤 선택을 하겠는가?

버킷 리스트 여행을 위한 전략

지금부터는 버킷 리스트 여행을 부담 없이 즐길 수 있는 네 가지 전략에 대해 살펴보겠다.

할인 여행 사이트에 가입하라

간혹 여행 사이트에서는 믿기지 않는 솔깃한 상품을 제안하기도 한다.

어떤 서비스들이 있는지 안내문을 꼭 철저히 읽으라. 간혹 저렴해 보이는 여행에는 항공료와 숙박비만 포함되고, 여행이나 관광 가이드 서비스는 포함되지 않는다. 저렴한 가격만 보고 덜컥 예약했다가 낭패를 볼 수도 있으니 주의하라.

또한 숙박 시설(호텔과 크루즈선 모두)의 등급과 편의 시설 및 호텔 위치가 만족스러운지도 미리 조사하라. 저렴한 여행 패키지에는 관광 지역에서 멀리 떨어진 저급한 숙박 시설이나 호텔이 포함되어 있는 경우가 종종 있다.

대다수 할인된 여행 패키지가 더 저렴한 이유는 비수기에 나오기 때문이다. 당신이 여행 가기로 한 시기의 해당 여행지의 평균적인 날씨 패턴을 조사하라.

단지 가격이 저렴하다는 이유로 버킷 리스트에 없는 상품을 구입하고 싶은 마음이 들 수도 있다. 만약 그 휴가를 진정으로 즐길 수 있다면 그것도 괜찮다. 그러나 그렇지 못할 경우 당신은 버킷 리스트의 꿈을 미루어야 할 것이다. 그러니 섣부른 선택을 하지 않도록 주의하라.

여행 마일리지가 적립되는 신용카드를 만들라

가장 자주 이용하는 항공사에서 제공하는 카드를 발급받으면 된다. 아니면 항공 마일리지나 호텔 숙박비로 쓸 수 있는 포인트가 적립되는 은행 카드를 신청하면 된다. 이 가운데 많은 카드가 계약을 체결할 때 여행하기 충분한 최대 6만 마일의 보너스를 제공한다. 이 카드를 여행할 때뿐 아니라 일상적인 지출에 사용하면 마일리지가 쌓인다.

휴가용 임대 사이트를 이용하라

호텔에서 숙박하는 것이 여행 비용이 가장 많이 든다. 가구가 비치된 집이나 아파트를 임대하면 훨씬 저렴하다. 그런 숙박시설은 몇 주 동안 머물며 진정으로 현지인처럼 살기에도 이상적이다. 그러면 모든 끼니를 식당에서 해결할 필요가 없다. 가까운 동네 가게에서 음식을 사서 집에서 준비하여 먹으면 된다.

그러므로 목적지에 더 오래, 더 싸게 머물고 싶다면 에어비앤비나 VRBO(휴가 때 숙박 시설을 임대하는 온라인 거래 사이트-옮긴이) 등 휴가용 임대 정보를 제공하는 사이트를 이용할 것을 추천한다.

국립공원에서 자원봉사를 하기 위한 팁

미국의 59개 국립공원을 일부 또는 전부 방문하는 것을 버킷 리스트로 삼고 있는 사람이 많다.

그중 많은 공원이 외떨어진 곳에 있어서 자원봉사자들에게 주택이 제공된다. 공원에 따라 자원봉사자의 숙소로 가구가 완비된 주택, 자원봉사자 마을, 계절별 주택, 기숙사, 합숙소 또는 RV가 딸린 야영지를 제공하고 있다. 거처를 제공받는 대신 자원봉사자들은 적어도 일주일에 20시간을 일한다.

국립공원을 방문하고 싶지만 자원봉사에는 전혀 관심이 없는 경우도 있을 것이다. 그럴 경우 62세 이상의 사람들은 시니어패스를 80달러에 구입할 수 있다. 그러면 평생 모든 국립공원이나 자연 야생 보호구역에 들어갈 수 있다. 자동차 한 대당

시니어패스 한 장만 있으면 가능하다. 캠핑 요금도 할인받을 수 있다. 혹시 미국의 국립공원 방문을 염두에 두고 있다면 참고하라.

20

은퇴하면
과연 행복할까?

"행복은 인생을 사랑하는 경험이다.
행복하다는 것은 그 순간적인 경험과 사랑에 빠지는 것이다."
_ 로버트 맥필립스(영국 아동도서 삽화가)

은퇴하면 과연 행복할 것인가? 언뜻 들으면 이 질문은 번드르르한 말처럼 들릴 수도 있다. 아무튼 당신은 더는 일할 필요가 없을 것이다. 더 이상 압박감, 마감일, 업무 평가, 까다로운 고객이나 짜증 나는 동료들에 시달리지 않아도 될 것이다. 자명종 시계는 끄고, 내킬 때 일어나면 된다. 무엇보다도 더 이상 상사와 마주칠 일이 없다. 은퇴 후 행복하지 않을 이유가 있을까?

하지만 다니던 직장을 떠난다고 은퇴 생활이 저절로 행복해지는 것은 아니다. 당연히 저축을 충분히 해두었다는 사실만으로 행복이 보장되지도 않는다.

무엇을 통해 행복을 얻는가는 개인에 따라 다르다. 그렇지만 아래의 네 가지 조언을 통해 좋은 생활 방식을 선택하고,

은퇴에 대한 올바른 마음가짐을 가지면 진정으로 행복하게 살 수 있을 것이다.

행복은 재물이 아니라 사람과 경험에서 나온다

직장에 다니는 동안에는 대체로 돈을 벌고 재산을 쌓는 일에 집중했을 것이다. 아마 더 큰 집, 더 좋은 자동차처럼 자신이 마련하고자 하는 다음 재물을 목표로 삼으며 살았을 수도 있다.

하지만 이런 재물이 진정한 행복을 가져다주진 않는다는 사실을 나중에 깨달을 것이다. 은퇴할 때, 당신은 더 작은 집으로 규모를 줄이고 배우자와 한 대의 차를 공유할 수도 있다.

그래도 교제하는 사람들과 자신이 참여하는 활동에서 온전한 행복을 찾을 수 있다. 자신에게 더는 의미 없는 집과 소유물을 없애고 나면 더 행복하다는 것을 깨닫게 되는 사람들이 많다.

은퇴에 대비해 더 많은 돈을 저축하면 은퇴 생활이 자동으로 더 행복해질 거라는 생각도 틀리다. 더 많은 재원이 확보되면 좋아하는 활동을 더 많이 할 수 있고, 먹고살기 위해 고군

분투하면서 오는 스트레스가 줄어드는 것은 사실이다. 그러나 메르세데스 벤츠를 운전하고 호화 크루즈를 일 년에 네 번 탄다고 세상에서 가장 행복한 은퇴자가 되는 것은 아니다.

《당신은 당신이 생각하는 것보다 더 빨리 은퇴할 수 있다You Can Retire Sooner Than You Think》의 저자 웨스 모스는 1,200명을 조사한 결과 약 5억에 달하는 노후 자금이 있을 때 행복지수가 정점에 도달했다는 사실을 발견했다. 그 액수는 대부분의 전문가가 은퇴할 때 가지고 있어야 한다고 권하는 저축 액수보다 훨씬 적다. 그러나 그러한 조사 결과를 통해 일단 기본적인 욕구만 충족되면, 돈이 더 많다고 해서 더 행복한 것은 아님을 알 수 있다.

신체활동, 정신적 자극, 사회 활동, 성취감을 위해 노력하라

이 네 가지는 행복하고 균형 잡힌 삶을 지탱해주는 네 기둥이다.

말년에 마라톤을 하거나, 상대방과 신체가 접촉되는 스포츠를 하거나, 세계에서 가장 높은 산에 오를 수는 없을 것이다. 하지만 걷기, 자전거 타기, 하이킹, 수영, 테니스, 골프,

그 외에 다른 많은 여가 활동을 하려면 외출할 수밖에 없다. 그리고 그 덕분에 더 오랫동안 더 건강하고 더 행복하게 지낼 것이다.

이제 더 이상 경력을 유지하기 위해 지속적으로 교육받을 필요가 없다고는 해도 계속 배우지 않을 이유가 없다. 많은 노인이 관심 있는 과목을 배우기 위해 대학에서 청강을 한다. 정신적 자극은 강의실에서만 받는 것은 아니다. 미술관, 역사 박물관, 극장, 공연장에 가면 문화적 풍요를 누릴 뿐만 아니라 정신적 자극을 받기도 한다.

직장에 다닐 때는 주위에 온종일 사람들이 있다. 동료들을 친한 친구라고 생각하지 않을 수도 있겠지만, 그럼에도 동료들은 사람을 대면함으로써 얻는 이점을 제공한다.

은퇴하면 직장에서 맺은 인간관계는 대부분 멀어질 것이다. 그러므로 같이 있으면 즐거운 사람들과 모임을 만들고 그들과 함께 시간을 보내기 위해 적극적으로 나서는 일은 온전히 자신에게 달려 있다. 그건 어렵지는 않지만 예전만큼 쉬운 일도 아니다. 꾸준한 노력이 필요하다.

어느 때 성취감을 느끼는가는 사람마다 다르다. 그래서 성취감을 한마디로 정의하기는 어렵겠지만, 언제 그것을 느끼는지는 알 수 있다. 인간은 행복하고, 살아 있고, 완전하다는 기분이 들게 하는 모든 것에서 성취감을 느낀다. 성취감은 마음을 들뜨게 한다. 그것은 '열정을 발휘할 수 있는 구역'에 있을 때 느끼는 감정이다.

새로운 목적의식을 발견하라

즐거움과 오락만으로 가득한 삶은 잠시 동안은 즐겁지만 조만간 공허함과 지루함을 느끼게 된다. 인간은 삶의 목적과 의미가 있고, 열정을 추구하거나 다른 사람들을 도울 때 가장 행복하다.

직장에서 헌신적으로 일한 경우, 일단 직장을 떠나면 목적이나 정체성을 잃을 수도 있다. 만약 이런 일이 일어나면, 예전에 무엇에 흥미가 있었는지 기억을 더듬어보라. 특히 십 대와 대학 시절, 혹은 자녀를 낳기 전을 되돌아보라. 어른으로서 일해야 하는 의무에 치여 미뤄둔 활동을 목록으로 만들라. '언젠가' 하고 싶었던 활동을 전부 기록하라.

은퇴 후에는 그동안 미뤄뒀던, 자신이 진정으로 열정을 느끼는 활동을 할 수 있을 것이다. 그 활동을 하면서 생활비를 넉넉히 벌 수 있을지 없을지 같은 걱정은 하지 않을 것이다.

당신은 은퇴 생활을 하는 동안 이 세상에 가장 중대한 기여를 할 수도 있다.

행복해지겠다고 결심하라

직장에 다니는 동안 불행하다면, 은퇴한다고 행복해지지는 않을 것이다. 에이브러햄 링컨의 어록처럼, '대부분의 사람은 마음먹은 만큼 행복하다.' 긍정적인 태도로 은퇴에 접근하면 큰 차이가 생긴다.

메릴린치의 연구에 따르면 은퇴자의 93퍼센트가 그들의 삶이 은퇴 이전과 같거나 더 낫다고 말했다. 이 연구는 61세에서 75세 사이의 은퇴자들의 특징을 일컬어 건강, 자유 시간, 재미, 정서적 행복을 가장 골고루 즐기는 은퇴 '자유 구역'이라고 한다.

은퇴자들은 일에 제약을 받지 않으므로 추구하고 싶은 활동, 교제하고 싶은 사람들, 자신의 마음가짐을 선택할 수 있다. 은퇴는 행복한 인생을 설계할 환상적인 기회를 제공한다.

그러므로 은퇴 이후의 삶에 대해 지나친 걱정을 하기보다는 낙관적으로 생각하며 행복해질 것이라고 마음먹으라.

21

은퇴 후 마음만은
젊게 사는 열 가지 방법

"나는 결코 노인이 되지 않을 것이다.
내게 노년이란 나보다 열다섯 살 더 많은 나이이다."
_ 버나드 바루크(미국 기업인, 정치가)

건강한 식단과 적당한 운동으로 신체적 노화를 어느 정도 늦출 수는 있다. 하지만 나이 들수록 몸이 늙는 것은 어쩔 수 없다. 그래도 노화에 대한 마음 자세는 어느 정도 통제할 수 있다.

　나이를 먹는 건 피할 수 없기 때문에 그 사실을 받아들이는 편이 낫다. 인생은 어느 시기든 장점이 있기 마련이다. 더 이상 할 수 없는 일에 대해 우울해하기보다는 여전히 할 수 있는 모든 일에 감사하라. 그리고 이제 그것을 할 수 있는 시간이 더 많다는 사실을 기뻐하라.

　어느 연령대에 있건 긍정적이고 젊은 사고방식을 기르기 위해서는 다음 열 가지 사항을 실천해야 한다.

젊은 시절의 열정을 다시 지피라

젊을 때는 즐기던 취미가 있어도 일과 가족 부양에 대한 의무 때문에 접어둬야 했을 것이다.

은퇴 후에는 그런 활동을 다시 즐기거나 새로운 것을 시도할 시간이 생긴다. 그래서 많은 노인이 고등학생 때처럼 합창단이나 밴드에 들어간다. 사진, 미술, 글쓰기, 공예, 성인 강좌를 듣기도 한다.

독버섯 같은 사람들을 피하라

당신을 우울하게 하거나 자존감을 깎아내리는 사람은 당신의 인생에 필요 없다. 그러기엔 인생이 너무 짧다. 당신은 직장 생활을 하는 동안, 직장만 아니었다면 어울리지 않았을 일부 동료들을 이따금 견뎌야 했을 것이다. 이제는 함께 시간을 보낼 사람들을 선택할 여지가 훨씬 더 많아졌다. 삶에 대한 태도와 즐거움은 자신이 가장 자주 어울리는 사람들의 영향을 많이 받는다. 그러므로 함께 있으면 흥미롭고 재미있는 사람들을 찾으라.

활동적으로 살라

할 수 있다면 시간을 내서 골프, 자전거 타기, 수영, 볼링처럼 충격이 적은 운동을 즐기라. 일주일에 며칠씩 30분 정도라도 산책하려고 노력하라. 동호회에 가입하여 계속해서 외출하라.

그러면 다른 사람들과 교류하고 새로운 경험을 할 수 있다. 직장에 다닐 때는 시간이 없어서 못 했겠지만, 이제 맛집, 공원, 박물관, 휴양지, 유적지 같은 지역사회의 명소를 찾아보라.

긍정적인 태도를 유지하라

나이가 들면 더 이상 할 수 없는 일이 생길 수도 있다. 그러므로 할 수 있는 일에 더욱 집중하라. 일상생활에서 일어나는 재미있는 일들을 찾으라. 불평하거나 화내지 마라. 아무도 화를 잘 내는 사람과 어울리는 것을 좋아하지 않는다. 친절하고, 온화하고, 매사에 감사하기 위해 노력하라.

나이를 먹는 것이 늘 쉬운 일은 아니지만 그런 특권을 누리지 못하는 사람들도 있다는 사실을 명심하라.

다른 연령대의 사람들과 친해지라

생각보다 많은 젊은이가 나이 든 사람들과 함께 있는 시간을 즐거워한다는 것을 알면 깜짝 놀랄 것이다. 많은 사람에게 나이는 그저 숫자에 불과하다. 그들은 당신의 성격, 사고방식, 공통의 관심사를 더 눈여겨볼 것이다. 젊은 사람들은 당신의 삶에 활력과 세상을 다르게 보는 관점을 제공할 수 있다. 당신은 자신도 모르는 사이에 그들의 본보기가 되거나 삶의 지혜를 알려주고 마음을 보듬어주는 안식처가 될 수도 있다.

만일 55세 이상이 거주하는 실버타운에 살고 있다면, 다른 노인들과만 어울리며 고립된 생활을 하지 마라. 과감하게 나가서 지역사회를 즐기라.

현대의 통신 기술을 익히라

필요하다면 컴퓨터를 좀 더 능숙하게 다루도록 노력하라. 인터넷 사용법을 알면 질병에 대해 검색하고, 여행 계획을 세우고, 관심 있는 거의 모든 주제를 탐구할 수 있다. 개인 업무는 대부분 온라인으로 거래할 수 있고, 거의 모든 정보를 찾을 수 있다.

그리고 요즘은 통신 수단으로 편지와 전화보다 문자 메시지, 페이스북, 인스타그램 같은 전자 도구들을 더 선호하는 사람이 많다. 심지어 이메일도 인기가 떨어지고 있다. 만약 더 젊은 친구들, 친척들과 계속 연락하기를 바란다면, 그들이 주로 쓰는 통신 도구를 사용해야 할 것이다.

세상 돌아가는 소식을 잘 알아두라

현대 문화의 동향을 잘 알아두라. 당신은 현대 음악이나 유행하는 대중문화에 별로 관심이 없을 수도 있겠지만, 그래도 대략적으로는 알아두는 것이 좋다.

시사 문제를 잘 알아두고, 편향되고 부정확한 정보를 얻는 일이 없도록 다양한 출처의 뉴스를 접하라.

머리에 떠오르는 생각을 있는 그대로 말하지 마라

하고 싶은 말이라면 무엇이든(특히 남을 판단하거나 비판하는 말) 입 밖으로 내뱉는 노인들을 만난 적이 있을 것이다. 신중하게 생각하고 순화된 표현으로 예의를 갖춰서 말해야 한다. 성격이 괴팍하고 짜증을 잘 내면 금방 늙는다. 똑같은 이야기와 농담을 몇 번씩 되풀이해서도 안 된다.

과거를 미화하지 마라

예전에 있었던 어려운 일은 잊은 채 좋은 시절만 기억하기 쉽다. 어느 시대나 부패한 정치인, 사회적 불평등, 전쟁, 문제가 늘 있었다.

그러므로 더 이상 매사를 젊은 시절과 비교하지 마라. 옛날이 좋았다고 해도 그 시절은 이미 가버렸다. 지금 당신에게 주어진 시간은 현재이다. 오늘을 최대한 잘 보내도록 노력하라.

건강에 대해 장황하게 이야기하지 마라

최근에 앓은 병이나 다가올 수술에 대해 간단히 언급하는 건 괜찮다. 하지만 그런 이야기를 대화의 주제로 삼지는 마라.

당신의 통증, 고통, 병에 대해 끝도 없이 이야기하면 '지겨운 노인'으로 낙인 찍히기 십상이다. 그 외에 다른 많은 주제를 대화의 소재로 삼을 때, 사람들은 당신과의 대화를 훨씬 더 즐거워할 것이다.

22

은퇴 후 흔히 하는
열두 가지 후회

"후회가 꿈의 자리를 차지할 때에야 비로소 사람은 늙는다."
_ 존 배리모어(미국 영화배우)

은퇴하면 삶을 진정으로 자신의 방식대로 살 수 있는 기회가 생긴다. 더 이상 직업에 얽매이지 않아도 된다.

　오래전부터 하고 싶었던 일들을 자유롭게 할 수 있는 시간이 주어지는 것이다. 다만 금전적인 여유나 기동성에 제약을 받을 수는 있다.

　조금만 노력하면 할 수 있었을 텐데 하지 못한 일들이 있는가? 후회만 남은 채 은퇴 생활의 막바지에 이른다면 여생이 불행하게 느껴질 것이다.

　좀 더 깊게 생각해서 계획을 세우면, 은퇴 생활을 하는 동안 다음 열두 가지 후회는 피할 수 있다. 지금부터 은퇴 후 사람들이 가장 많이 하는 후회에 대해 살펴보겠다.

건강을 등한시한 것

당신은 30대와 40대에 체중이 늘거나 건강하지 못한 습관을 들였을 수도 있다. 그 당시에는 이런 문제를 쉽게 무시하고, 아마 별다른 지장이 없다고 생각했을 것이다. 그러나 50~60대에는 그동안 건강을 방치한 대가로 값비싼 치료를 받게 되고, 거동이 불편해지고, 기대수명이 감소한다. 이로 인해 은퇴 생활은 더 짧아지고 제약이 더 많아질 것이다.

매일 신체 활동을 함으로써 이런 일이 일어나지 않도록 하라. 건강 검진, 치과 검진, 대장내시경 검사를 정기적으로 받으라. 콜레스테롤, 혈압, 몸무게를 관리하라.

기회가 있을 때 여행하지 않은 것

여행이 당신의 은퇴 계획에서 중요한 부분이라면, 꿈꾸던 여행을 너무 오래 미루지 마라. 언제 건강이나 기동성이 안 좋아질지 결코 알 수 없다. 최악의 경우, 당신이나 배우자가 뜻밖에 세상을 떠날 수도 있다.

은퇴 직후 몇 년 안에, 가장 기대했던 여행을 하는 것을 목표로 삼으라. 물론 그것보다 더 오래 건강하게 지내면 훨씬 더 좋겠지만 말이다. 그리고 은퇴 후 몇 년 동안은 과소비를 하지 않도록 조심하라. 세심하게 균형을 잘 잡아야 한다.

너무 오래 일한 것

은퇴가 얼마 남지 않았는데 저축을 충분히 하지 않았다면 반드시 몇 년 더 일해야 할 수도 있다. 그러나 많은 사람이 필요 이상으로 더 오래 일을 한다. 은퇴 후 비참해질까 봐 두렵거나, 은퇴 후에도 기본생활이 가능할 만큼 충분한 재원이 있다는 것을 알지 못하기 때문이다.

인생의 말년을 맞이하는 사람들이 가장 흔히 하는 후회 중하나가 '너무 오래 일한 것'이다. 더 오래 일하지 않은 걸 후회하는 사람들은 거의 없다.

계획성 없게 시간을 보낸 것

은퇴하기 전에는 일정과 우선순위의 대부분이 자신의 직

업, 그리고 가족을 지키고 부양해야 하는 의무에 의해 결정되었다. 시간을 어떻게 보낼지 갑자기 그 통제권이 전적으로 자신에게 주어진다는 것은 큰 변화일 수 있다.

은퇴하면 할 수 있는 일이 무한해진다. 그렇다고 시간을 마냥 흘려보내면 안 된다. 무엇을 하면 가장 만족스러울지 생각해보고, 자신이 즐길 생활 방식을 적극적으로 만들어가야 한다. 그것이 신체 활동, 사회적 접촉, 정신적 자극, 성취감을 고루 얻을 수 있는 것이라면 이상적일 것이다.

살림을 줄이지 않은 것

평생 모아둔 소유물을 버리는 일은 힘들고 시간이 제법 걸릴 것이다. 그러나 더 이상 필요하지 않은 물건을 막상 처분하면 홀가분해진다. 대부분의 은퇴자는 불필요한 잡동사니를 정리한 뒤 더 빨리 하지 않은 것을 후회한다. 애초에 그 물건을 사지 않았더라면 좋았을 것이라고 깨닫는 사람들도 많다.

더 작은 집으로 이사하는 것도 좋다. 그러면 집을 관리하는 것도 한결 수월해지게 되고, 큰 집을 팔아서 남은 자금은 은퇴 생활을 즐기는 데 보태면 될 것이다.

꼼꼼히 조사하지도 않고 이사한 것

만약 은퇴 후 집값이 조금 더 싸거나 기후 환경이 더 마음에 드는 곳으로 이사하는 것을 꿈꾼다면, 이사를 하기 전에 목적지에 대해 철저히 조사해야 한다. 자신이 생각해둔 지역으로 여러 번, 일 년 중 각기 다른 때에 가보라. 그 지역에 정착하기 전에 세 들어서 적어도 반년 동안 살아보는 것도 좋은 방법이다. 아무리 가장 좋아하는 휴양지더라도 일상적으로 살기에 좋은 거주지인 경우는 드물기 때문이다.

재정적으로 더 치밀하지 않은 것

전문적인 재정 고문만큼 많은 지식을 습득하지는 못하겠지만, 투자 상품과 용어에 대한 실무 지식을 알아두는 것이 이롭다. 그러면 누구보다도 자신의 선택을 이해할 수 있고, 자신에게 필요한 것을 가장 잘 선택할 수 있을 것이다.

사회보장제도나 의료보험제도가 어떤 방식으로 적용되는지, 생활비가 얼마나 필요한지, 매년 얼마의 돈을 인출해도 안전한지 잘 알지 못한 채 은퇴하는 사람이 많다. 그러나 나중에 실수해서 금전적인 손해를 크게 본 뒤 후회하고 싶지는 않을 것이다.

전문가의 조언을 듣지 않은 것

당신이 상당히 영민한 투자자라고 해도, 재정 고문은 당신이 모르는 좋은 제안을 해줄 수도 있다. 은퇴 생활을 위해 더 많은 돈을 저축하는 데 도움이 될 투자 옵션과 세제 혜택, 은퇴 후 얼마의 돈을 안전하게 인출할 수 있는지 등과 같은 문제를 더 잘 알 것이다.

부동산 계획을 세우지 않은 것

당신이 세상을 떠난 뒤에 남은 돈과 재산이 어떻게 될지 생각하면 마음이 불안할 수도 있다. 그러나 부동산 계획을 세우고 나면 편안해질 것이다.

사실 이런 일은 나중으로 미루고 싶기 마련이다. 하지만 우리에게 시간이 얼마나 남아 있는지는 아무도 모른다. 좋은 부동산 계획을 세우는 것은 상속인들에게 주는 선물이기도 하다. 그래야 상속인들이 부동산을 처리하기가 더 빠르고 더 쉽기 때문이다.

소중한 이들에게 사랑한다고 말하지 않은 것

슬프게도, 나이가 들수록 친구들과 가족들을 더 많이 잃게 될 것이다. 누군가가 당신에게 얼마나 중요한 사람이었는지 추도사를 읽거나 조문 카드를 보낼 때에서야 표현하며 후회하는 일은 없길 바란다. 그들이 아직 살아 있을 때 직접 말하라.

누군가가 당신으로 인해 자신의 삶이 얼마나 바뀌었는지 말해주면 기분이 얼마나 좋을지 생각해보라. 너무 늦기 전에 그 선물을 다른 사람에게도 선사하라.

원한을 품은 것

인생은 너무 짧다. 원한을 품고 이를 가는 시간은 결국 자신의 행복을 빼앗는 시간이다. 더 잘 지내고 싶은 사람들이 있다면 그들과 화해하라. 당신에게 잘못을 저지른 사람들을 용서하라. 실망, 놓친 기회, 과거의 실패는 잊어버리라. 고대의 지혜가 일러주듯, 다른 사람에게 던질 목적으로 뜨거운 석탄 한 조각을 손에 쥐고 있을 때 화상을 입는 사람은 바로 당신이다.

사랑하는 사람들과 시간을 충분히 보내지 않은 것

직장을 그만두고 나면 주위에 매일 사람들이 있지는 않을 것이다. 반면 사람들과 함께 보낼 시간은 더 많아질 것이다. 그 시간을 잘 활용하려면 좀 더 적극적으로 나서야 한다.

친구들에게 연락해서 함께 시간을 보내려고 노력하라. 부모님과 더 나이 많은 친척들이 아직 살아 계시다면, 찾아가서 살아온 이야기를 들려달라고 청하라. 인간관계와 경험이 인생에서 가장 소중하다는 사실을 알게 될 것이다.

멋지게 은퇴하는 법

초판 1쇄 인쇄 2022년 7월 11일
초판 1쇄 발행 2022년 7월 18일

지은이 데이브 휴즈
옮긴이 이길태

펴낸이 이효원
편집인 김아람
표지디자인 김성엽
본문디자인 이수정
펴낸곳 탐나는책
출판등록 2015년 10월 12일 제 2021 - 000142호
주소 경기도 고양시 덕양구 삼송로 222, 101동 305호(삼송동, 삼송역 현대헤리엇)
전화 070-8279-7311 **팩스** 02-6008-0834
전자우편 tcbook@naver.com

ISBN 979-11-89550-74-5 03300